大家小书

传统文化六讲

金开诚 著

金舒年 徐令缘 编

北京出版集团公司
北京出版社

图书在版编目（CIP）数据

传统文化六讲 / 金开诚著；金舒年，徐令缘编. 一北京：北京出版社，2019.5
（大家小书）
ISBN 978-7-200-14557-1

Ⅰ. ①传… Ⅱ. ①金… ②金… ③徐… Ⅲ. ①中华文化—文集 Ⅳ. ①K203-53

中国版本图书馆 CIP 数据核字（2019）第 004802 号

总 策 划：安 东 高立志 责任编辑：高立志

· 大家小书 ·

传统文化六讲
CHUANTONG WENHUA LIU JIANG

金开诚 著

金舒年 徐令缘 编

出　　版　北京出版集团公司
　　　　　北京出版社
地　　址　北京北三环中路 6 号
邮　　编　100120
网　　址　www.bph.com.cn
总 发 行　北京出版集团公司
印　　刷　北京华联印刷有限公司
经　　销　新华书店
开　　本　880 毫米 ×1230 毫米　1/32
印　　张　8.75
字　　数　143 千字
版　　次　2019 年 5 月第 1 版
印　　次　2019 年 5 月第 1 次印刷
书　　号　ISBN 978-7-200-14557-1
定　　价　45.00 元

如有印装质量问题，由本社负责调换
质量监督电话　010-58572393

总　序

袁行霈

"大家小书"，是一个很俏皮的名称。此所谓"大家"，包括两方面的含义：一、书的作者是大家；二、书是写给大家看的，是大家的读物。所谓"小书"者，只是就其篇幅而言，篇幅显得小一些罢了。若论学术性则不但不轻，有些倒是相当重。其实，篇幅大小也是相对的，一部书十万字，在今天的印刷条件下，似乎算小书，若在老子、孔子的时代，又何尝就小呢？

编辑这套丛书，有一个用意就是节省读者的时间，让读者在较短的时间内获得较多的知识。在信息爆炸的时代，人们要学的东西太多了。补习，遂成为经常的需要。如果不善于补习，东抓一把，西抓一把，今天补这，明天补那，效果未必很好。如果把读书当成吃补药，还会失去读书时应有的那份从容和快乐。这套丛书每本的篇幅都小，读者即使细细地阅读慢慢地体味，也花不了多少时间，可以充分享受读书的乐趣。如果把它们当成补药来吃也行，剂量小，吃起来方便，消化起来也容易。

我们还有一个用意，就是想做一点文化积累的工作。把那些经过时间考验的、读者认同的著作，搜集到一起印刷出版，使之不至于泯没。有些书曾经畅销一时，但现在已经不容易得到；有些书当时或许没有引起很多人注意，但时间证明它们价值不菲。这两类书都需要挖掘出来，让它们重现光芒。科技类的图书偏重实用，一过时就不会有太多读者了，除了研究科技史的人还要用到之外。人文科学则不然，有许多书是常读常新的。然而，这套丛书也不都是旧书的重版，我们也想请一些著名的学者新写一些学术性和普及性兼备的小书，以满足读者日益增长的需求。

"大家小书"的开本不大，读者可以揣进衣兜里，随时随地掏出来读上几页。在路边等人的时候，在排队买戏票的时候，在车上、在公园里，都可以读。这样的读者多了，会为社会增添一些文化的色彩和学习的气氛，岂不是一件好事吗？

"大家小书"出版在即，出版社同志命我撰序说明原委。既然这套丛书标示书之小，序言当然也应以短小为宜。该说的都说了，就此搁笔吧。

　　　　　　　　　　　传统文化六讲

序

　　金开诚先生(1932—2008)是我1978年到1984年在北京大学读书时的老师。通常，应当是老师给学生写序，表达前辈对后生论著的评价，可是，现在却由学生来给老师的书写序，这实在是很无奈的事情，因为金先生已经于2008年去世，他的女公子舒年找到我，我当然义不容辞，只是想到要给过世的老师写序，心里不免有些怅然。

　　"大家小书"收入金开诚先生的论著，实在是再合适不过。依我的理解，所谓"大家小书"就是原本学问精深的大专家，放下身段用通俗浅近的文字，向读者传达他们的学问和关怀。对习惯了做专门学问的人来说，把文章写得深入浅出并不容易，通常是"深入"易而"浅出"难，虽然都是"大家"，但能写好"小书"，未必人人都行，倒是金开诚先生的文章，却一以贯之的清晰明白，我想，这也许和他的文章理念有关。

我上大学的时候，金开诚先生有几句话给我印象很深，其中有一句话是关于如何读书做学问的，他反复告诉我们，基础在"看"，关键在"想"，落实在"写"。这话当然有针对性，当年我读的是古典文献专业，这个专业需要积累，不免有人强调，五十岁前尽读天下书，不要写文章，据说这还是老前辈黄侃的箴言，不知是否可靠。但金先生却告诉我们说，首先当然要"看"，得广泛而仔细地读书，学无根底，天马行空说大话，不是文献专业的风格；但你看了之后又必须要"想"，正所谓"学而不思则罔"，纵然读了一肚皮书，不思不想就成了"两脚书橱"。进而你还要动手"写"，不光是动手摘录、撰写提要、勤作札记，还要时时把自己的评论和分析写出来，因为在写作的过程中，常常会发现所思所想中有不那么清楚的关节所在。这就像读外文书，乍一眼看去，仿佛大意都明白了，可真的一动笔翻译，就发现处处是疙瘩。所以，写作也是厘清思路，更不消说，在写作之中常常可以再思再想，没准儿还能想到更深的问题。而金开诚先生更重要的一句话，是他常常挂在嘴边的"文章是写给别人看的"。这句话至今还总在提醒我，他的意思是写文章要考虑读者理解，不能夹缠不清、自言自语。现在，有的学者写文章绕来绕去，说事情颠三倒四，总喜欢把生涩的概念和夹生的理论，用纠结的文句写出来，以为自己明白(其实自己也未必明白)，别人就应该明白(别人就更不明白)，所以，我最近在一个访谈中说，连白话都写不好，真是愧对"五四"。

"五四"提倡的白话文，不仅是现代的文学文体，也是现代的学术文体。在学术表达中，通俗不是庸俗，浅近不是浅薄，明白不等于没深度，简练也并不意味着没内涵，并不是故弄玄虚就是高妙，也不是写得生涩就真的深刻。记得近四十年前，金开诚先生曾经自告奋勇，为1977级的古典文献专业学生开写作课，让我们练习规范的写作，让我们撰写精练的提要，让我们互相批改作文，正是这种训练让我们逐渐形成以"明白"为第一要务的写作方式。而金先生自己呢，大凡北京大学当年的学生都会有印象，他无论讲课还是作文，都可以说是清晰明白的楷模。现在，再看他这些清晰明白的文章，我不由得想起当年在北京大学课堂里上写作课时的情景。

现在金开诚先生这本书要出版了，我就用当年学生的这些体会，权当这本"小书"的序文，希望读者能够了解这些"大家"，当年还关心文章写法，而他的这本"小书"，也是一种好文风的示范。

葛兆光

2017年3月15日于上海

目　录

第一讲　传统文化和古为今用

文化的定义及其载体

汉语中"文化"这个词，本是对英语"culture"一词的意译。那么，为什么用"文化"二字来翻译这个英语词呢？这就因为中国古籍中本来就有"文""化"二字的关联使用，而其含义又与现在所说的"文化"有一些关系。

例如《易经·贲卦·彖传》中说："观乎人文，以化成天下。"孔颖达《正义》解释道："观乎人文以化成天下者，言圣人观察人文，则诗书礼乐之谓，当法此教而化成天下也。"

又如刘向《说苑·指武》篇更把"文""化"二字连在一起："凡武之为兴，为不服也。文化不改，然后加诛。"

以上《易传》把"文""化"二字关联使用，是指以"人文"来"教化"天下；刘向将"文化"连在一起，则是指"文治"连同"教化"，意思都差不多。

那么，为什么说这种意思与现在所说的"文化"有一些关系呢?

因为从内容上看,《易传》所说的"人文",如孔颖达所注,是指"诗书礼乐",这些的确是中国古代文化的重要内容。

再从功用上看,《易传》讲"人文"是为了"化成天下";刘向讲"文化"更是把"文治"与"教化"视为密不可分,都是作用于人心的手段。这种"教化"的功用与现在的文化所具有的教育、诱导、感染、熏陶作用是有一致之处的,是相应相通的。

因此,用古籍中互相关联的"文""化"二字来指称现在所说的文化,可以说是有道理的,说得通的;也可以说是一种相当优化的选择。

但是,现在所说的文化毕竟不是用"人文"来进行"教化"的意思,更不是"文治"与"教化"的总称。它究竟是指什么?这就是一个需要研究的问题。近代以来,外国的研究者给它下了种种定义,中国的研究者也给它下了不少定义,却始终没有一个定义得到人们的公认。

此种现象,不足为怪。原来,文化这个东西虽然人人都感觉到它的存在,但它的内容实在太庞大而复杂了,有许多方位,许多层面,许多局部,许多表现;它既在人类历史上不断变化发展,又与自然界和社会上许多事物发生联系。同时,研究它的人又有不同的目的，不同的视角，不同的素养，不同的专业。这种种因素交织在一起，就使得问题变得非常复杂。

文化的研究者，不管他们自以为如何，实际上都是根据其主观条件来说他们所感知与理解的"文化"；而一切理解都受制于"前理解"，因此就出现了各式各样的定义。这些定义实际是反映了不完全相同的研究角度与不完全相同的研究对象。这是人类对文化的认识过程中的一个阶段所必然要出现的情况。

根据文化的实际情况来看，对它采取分析的态度，以形成狭义与广义的双重理解，看来是绝对必要的。而对于狭义的文化，的确应该下一个明确的定义，这样才便于做分析与扩展相结合的论述。狭义文化的定义应该是：

> 文化是对具有一定社会共同性的思想意识、价值观念和行为方式起引导或制约作用的、由各种集体意识所形成的社会精神力量。

对这个定义需要做较为详细的解释。

首先，要解释"文化是一种精神力量"。

根据唯物主义反映论的原理和社会存在决定社会意识的法则，应当肯定狭义的文化是第二性的东西，属于意识和精神的范畴。

毛泽东同志在《新民主主义论》中指出："一定的文化（当作观念形态的文化）是一定社会的政治和经济的反映，又给予伟大影响和作用于一定社会的政治和经济。"这里所说的文化，就是指狭义的文化，所以毛泽东同志特意注明，他所说的文化是指"当作观念形态的文化"，非常明确，不容误解。

那么，毛泽东同志为什么要特意加这一个注解呢？这是因为在文化的研究中，历来都有一种理解，即"文化"一词所指，不仅包含了狭义文化及其全部载体，而且是指整个社会的文明而言。这样理解的文化便是广义的文化。由于广义的文化不仅包含意识形态，而且包含物质文明，所以对文化的理解就必须区分狭义与广义，这样才能较为准确地反映文化研究的状况。也正是因为这个缘故，所以毛泽东同志在讲到狭义的文化时，特意注明了它的界限，即"当作观念形态的文化"。

应该指出，研究文化必须首先抓住狭义的文化，了解其确切的含义。因为研究任何东西都必须有明确的、特定的对象。假如把与特定对象有关系的各种东西都拉进来，就必然使对象模糊化；这既无助于对对象本身的认识，也无助于弄清楚对象与其他事物究竟有什么样的联系；而且还可能使各种研究讨论成为各说各的，难以取得共识。

为了说明狭义文化的确切含义，下一个定义就成了完全必要的事情。而在以上所下的定义中，首先可以肯定的一点是：狭义的文化是一种"精神力量"，是"观念形态"的东西。

当然，在文化的研究中，对广义的文化也不能忽略。这不仅因为狭义的文化不能脱离其载体而存在，而且因为文化学上已经取得的许多成果是与对广义文化的研究分不开的。所以，从研究狭义的文化出发，是必然要扩展到广义文化的。

其次，要解释文化作为一种精神力量具有社会性，即定义中所说的"社会精神力量"。

所谓"社会性"有两重含义：

第一，讲社会性是相对于人类本能的精神力量而言的。人类有本能的精神力量，如求食以取得自身的生存，求偶以取得自身的延续，这些要求都既是生理的，也是心理的（如情绪上的反应与表现）；后者即是精神的表现，但这种表现却出于本能，是与生俱来的。而作为文化的社会精神力量则与此相对，它不是人类先天就有的，而是在后天的社会生活中习得的。所以文化的传承是一种社会传承，而并非自然传承。社会传承要依靠人类所特有的教育与学习，因此教育与学习在人类文化的传承与发展中具有前提意义，起着巨大的作用。

第二，讲社会性是指文化的总体作为精神力量既有一定的社会幅度，又有综合性；它不是指个体的某种精神力量。当然，具有社会幅度和综合性的精神力量也表现在个体身上，个体的精神力量也可以为社会文化的丰富与发展做出贡献。但这些都必须汇总于具有社会综合性的精神力量的巨流，才具有文化意义。

再其次，要解释集体意识，文化作为社会精神力量是由各种集体意识综合形成的。

所谓"集体意识"也有两重含义：

第一，是指它具有集体性，即不仅文化的总体具有一定的社会幅度和综合性，而且组成文化总体的各个局部也都是集体意识而非个人意识。

例如某一地方的人对故乡有感情，便是这一地方人的集体意识。塞北人爱塞北，江南人爱江南，爱的对象与内容是不同的，因而实际上是两种不同的集体意识，但却都有文化意义，均可作为对故乡的热爱之情而成为中国文化的组成。反之，要是有一个人特别憎恶故乡，这种事例不一定绝对没有，也不一定只有一两个人是如此，但这仍然属于个人意识而非集体意识。因为不论有多少个人憎恶自己的故乡，都必出于反常的特殊原因，而并非出于构成集体意识的共同原因；更无法在对故乡的态度方面对他人起诱导作用，所以是没有文化意义的，是不能成为一个国家或民族的文化组成的。

第二，是指它具有意识性，这是相对于无意识性而言的。

荣格提出了"集体无意识"，那是指一切不是在后天习得而是得之于先天遗传的"普遍性精神机能"；实际上已属于本能，但这种本能的形成是受到人类远祖所积累的经验的影响的。"集体无意识"因属本能，所以具有无意识性；相反，"集体意识"则是在后天习得或养成的，具有明显的意识性。塞北人恋念的是塞北，江南人恋念的是江南，这就充分说明人对家乡的爱不是与生俱来的，而是塞北人或江南人在后天的不同生活中养成的。

再其次，要解释定义中的"对具有一定社会共同性的思想意识、价值观念和行为方式起引导或制约作用"这句话。

文化作为社会精神力量，有巨大而深刻的社会影响。它无论表现为一种有约束力的氛围，一种约定俗成的习惯，或表现为一种成文或不成文的规定，都有力地作用于人们的思想和行为：或使人受到潜移默化的熏陶，或使人自然遵循某种视为当然的惯性，或使人必须遵守种种规范，总之是对人的思想观念和行为方式起到引导和制约的作用。这就是文化之"化"的意义之所在，"化"的结果则是使社会群体在思想观念和行为方式上出现某种文化的统一性。

文化本身是由种种集体意识所形成的，它在总体上又被社会群体所认同和接受，所以它才能成为一种起引导或制约作用的社会精神力量。在文化和其作用对象之间，实际上是一种互存互动的关系，即文化作为社会精神力量作用于社会的群体，社会群体又坚持或支持了这种社会精神力量，二者是难解难分的。

当然，文化的引导与制约也落实到个人，所谓社会群体即是由个体组成的。所以在同一个社会中，各人的思想和行为虽有千差万别的具体表现，但在这些表现中却存在着某种共同性，那就是由文化的引导与制约所决定的。

以上是对"观念形态的文化"，即狭义的文化所下的定义和所做的解释。下面要说明的是，狭义的文化是不可能孤立存在的，它必然寓于多种多样的载体之中，成为广义的文化，这才是看得见、听得到、摸得着的文化现实。

在文化现实中，可以说每一种观念形态都有其相应的载体。这些载体虽然千姿百态，不胜枚举，但就其表现形式来看，大致可以概括为四类：（1）实物制作表现；（2）规章制度表现；（3）礼仪习俗表现；（4）语言符号表现。

类别虽是如此，但实际表现又往往跨类交叉。

例如作为观念形态文化的科学技术，其表现形式或载体，就既可以是语言和其他符号，也可以是实物制作。一部由语言表述及符号、公式组成的物理学著作固然体现了观念形态的物理学研究成果，而一台实物形态的机器也同样体现了观念形态的物理学原理。

又如政治的观念也是这样。它可以表现为语言的论说；也可用文字著为定典；还可以成为要求人们在行为中遵守的制度；甚至还与实物制作有关系，如故宫这样的建筑物，就在很多地方体现了封建统治者的政治观念。

再如艺术与审美的观念也是如此。它可以通过语言文字来表述论证，也可以体现在物化的绘画、雕塑、建筑、园林、影视、时装等等作品之中，也可以在礼仪习俗中有这样那样的表现。

总之，观念形态文化的四类载体及其错综复杂的交叉表现，构成了丰富多彩的社会文化现实，它使生活在社会中的人耳濡目染，起着感化、熏陶、约束、养成的作用，使人的观念和行为都带上特定民族在特定时期中的文化的烙印。

原载《中国典籍与文化》1992年第3期

传统文化的解释和古为今用

甲：我感到人们对传统文化往往有一种误解，认为它既已成为"传统"，便是一成不变的。其实情况并非如此，传统文化在其漫长的流传过程中，无论从内容还是从作用看，都是有所发展变化的。

乙：你说有什么样的变化呢？

甲：变化是多种多样的，可以说相当复杂。但其中有一个较为常见的变化，便是同一部书、同一篇作品或同一句话，在不同时代便有不同的解释，变化便体现在解释之中。

乙：我想，传统文化不见得所有内容都会在不同时代引发不同的解释。例如孔子说："夫仁者，己欲立而立人，己欲达而达人。"[①]又说："己所不欲，勿施于人。"[②]这都是孔子"仁"的思想的重要

---

① 《论语·雍也》。
② 《论语·颜渊》，又《论语·卫灵公》。

内容，而历代解释并无多大变化。现在，"己所不欲，勿施于人"更被国外有些人称为成功的"黄金法则""永恒的法则"，可见时不分古今，地不分中外，解释都基本不变。另外，孔子在学习方面说过："学而不思则罔，思而不学则殆。"又说："知之为知之，不知为不知，是知也。"①这都是至理名言，而古今的解释也基本不变。由此可见，传统文化并非都通过不同的解释而发生变化。

甲：我认为传统文化由于不同时代的不同解释而发生变化，这具有一定的普遍性，但并不认为这种变化有必然性。你说的那些句例的含义，的确可以说从古至今基本不变；但还有更多的传统文化内容，其含义是有变化的。就拿孔子的思想来说，他强调"仁"，但也强调"礼"；"礼"本来指周礼，即周代奴隶制社会的等级秩序及其典章制度、礼仪习俗等方面的外在表现。后来奴隶社会发展到封建社会，人们继承了孔子重视"礼"的思想；但那"礼"的实际含义，却已变成了封建社会的等级秩序及其外在表现。至于现代人们所说的"中国历来是礼义之邦"，那"礼"便主要是指礼仪、礼貌、礼节而言，强调的是中国人历来尊重他人，待人以礼；而不再包含等级秩序这个主要内容了。

乙：《管子·牧民》篇把"礼义廉耻"列为国之"四

---

① 《论语·为政》

维", 即国家赖以建立的四个大纲; 又说"四维不张, 国乃灭亡", 可见其重要的程度; 后世因此都很看重"礼义廉耻"。现在又有人认为要重新提倡这四个字, 那么这个"礼"字又如何解释呢? 难道仅仅是指礼仪、礼貌、礼节而言?

甲: 这是传统文化通过新的解释发生变化的又一种情况。《管子·牧民》篇所说的"礼", 也是指周礼而言; 后世在漫长的封建社会中讲"礼", 当然是指封建的等级秩序及其外在表现。至于现在有人说要提倡"礼义廉耻", 他对这个"礼"字的理解是经过抽象的, 即既不是指奴隶社会的等级秩序, 也不是指封建社会的等级秩序, 而是泛指一定的社会秩序以及人们有序的行为表现。"礼"的含义经过这种抽象, 当然在现代仍可以起作用; 因为现代社会很需要有序, 有序才能安定, 才能发展, 传统文化中的许多思维经验都是经过了抽象, 变为思维模式, 再与现代内容相结合的; 特别是种种道德准则, 都是结合现在的社会实际而有了新的含义, 才能在现实中继续发挥作用。

乙: 你说的"种种道德准则", 大概也包含着"礼义廉耻"中的那个"义"字吧?

甲: 当然包括。在种种传统道德中, 大约要数这个"义"字的含义最为多变了。"义"的本义是"宜", 指行为适宜;

又因为合理才能适宜，所以"义"又指道理。《新华字典》对"义"字的第一个解释便是"公正合宜的道理或举动"，这就把"宜"与"理"两个含义糅合起来了；这一解释无论于古于今都基本可用。"义"作为道德准则的使用范围非常广泛，从横向展布来看，在各种社会联系中都有"义"可讲，如君臣之义、夫妇之义、商贸之义、江湖之义等等，都各有各的"义"和"理"。再从纵向发展来看，在各个时代，人的行为怎样才算适宜与合理，显然也有种种变化。所以在传统文化中，"义"这个道德准则是很能表现可变性的。

乙：《礼记·大学》讲"以义为利"，本是指治国而言的，后来却在传统文化中变成了商品交换的准则，也就是你所说的"商贸之义"；那么，在当前社会主义市场经济的发展中，这句话又将发生什么样的含义演变呢？

甲："以义为利"见于《礼记·大学》篇，《礼记》是"五经"之一，《大学》篇则列入"四书"，这就意味着"以义为利"既出于"五经"，又出于"四书"。"四书""五经"是中国封建社会中影响最大的书，"以义为利"因此而广为人知并深入人心，特别是被商界人士奉为准则，大力标榜。"以义为利"之"义"，大致包含诚实守信、公平交易、货真价实、互惠互利等内容；这些内容体现了商品交换的根本法则与要求，因此不论古今，都是经商获得成功的可靠保证。它对当前市场经济中出现的假冒伪劣、坑蒙拐骗等现象尤有针对性。因此，"以义为利"作为传统文化中的商贸准则，仍应得到继承与发扬。

乙：你的意思是不是说"以义为利"在传统文化中是属于含义不变的那一类？

甲：在任何社会形态的市场经济中，价值规律都在起作用。"以义为利"的传统意义完全合乎价值规律的要求，因此在今天的市场经济中仍可以起很大的作用。但是，中国现在要搞的是社会主义市场经济，"以义为利"的含义也就应该更加丰富，或者说得到新的补充；这种补充也是传统文化事实上有所发展的一种表现。

乙：在社会主义市场经济中，"以义为利"的"义"将会有什么新的含义呢？

甲：应该极其鲜明地具有"为人民服务"的含义。

乙："为人民服务"如何与获取利润统一起来呢？倘若不能获利，又怎么叫"以义为利"呢？

甲：经营良好的企业都能获取利润，这才意味着社会主义市场经济的繁荣发展；特别是社会主义性质的国有企业，更必须获取利润，不断壮大，才能在市场经济中起主导作用。这些企业如果经营不力乃至破产，它便有负于国家，有负于人民，这还能说是"为人民服务"吗？

乙：可是，你还是没有说清楚"为人民服务"如何与获得利润统一起来。

甲：1993年9月，北京开了一个"为人民服务与市场经济"学术研讨会，与会的企业家将他们理解的"为人民服务"浓缩为"质量意识"和"服务意识"两大准则。他们提出："企业的'为人民服务'就是为人民生产更多更好的优质产品；努力培养'上帝意识'，把顾客的需求视为第一需求。同时，社会也是互惠的。企业保证了产品质量，消费者自然会踊跃购买，最后必然给企业带来更多的经济效益。"①这些看法是很明智的；其中所说的因社会互惠而构成的良性循环，可以说对国家有功，对人民群众有益，对企业职工有利，因而的确是把"为人民服务"与企业效益结合起来了；这也是对传统文化中"以义为利"思想的继承和发展。

乙：我现在比较明白了你为什么要强调传统文化的变化与发展，主要的目的大约在于古为今用。从清代前期以来，对传统文化的研究偏重于追索文本原意，这当然也有必要，因为如

---

① 见1993年9月25日《经济参考报》。

果对文本原意多所误解，也就根本无法考察其变化了。但优秀的传统文化之所以有价值，主要还在于它能够在现实中起作用。仔细想来，从汉代以下，传统文化事实上始终是被"古为今用"的；也正是在"用"的过程中，原有的文化才不断得到新的积累与补充，并出现多种形式的变化与发展。外国人对中国传统文化的使用没有框框约束，所以他们能把《孙子》和《三国演义》用于商战，把《菜根谭》用于公关，还有其他诸如此类的事例，都是中国人想不到的。我们对优秀传统文化的理解不能像他们那样带有随意性，却也应该适当吸取他们在运用中的灵活性。今后，我们在研究传统文化文本原意的同时，也应该致力于古为今用的实践与研究，这将会使继承发扬优秀传统文化具有新的空间与力度。

原载《今日中国》1996年第6期

人文素质与传统文化

近年来，我常常听到人们强调人文素质的重要；也有人问我究竟什么是人文素质，我也做过粗浅的回答。

在我看来，人文素质就是使人超越"自然状态"、进入"文明状态"的素质。这种素质不是人天生就有的，而是后天习得的；主要是在各类活动和实践中受到四方面教育的结果：

（一）语言文化的教育。（语言文字不仅是文化载体，而且还是人的思维活动的载体。所以，语言文字的教育和修养既表现人的文化素养，也表现人的思维能力与思维状况。这是人文素质的一项极为重要的内容。）

（二）人生观、价值观的教育。

（三）伦理道德的教育。

（四）审美情趣的教育。

这四种教育的内容都是随社会的发展而发展的，所以人的"人文素质"是有时代特征的。当前的要求是培养有"现代人文素质"的人。

进行四种教育是为使人具备六种精神因素，这六种精神因素就大致构成了人的"人文素质"：

（一）对人生意义有较深的认识，对自身价值有较高的追求；

（二）能以追求科学和进步的态度来看待客观世界及其运动变化；

（三）对国家、民族、社会有责任感和奉献精神，力求在奉献中实现自身价值；

（四）明是非，知进退，善于处理人际关系；

（五）对事物的美丑善恶有分辨力和正义感；

（六）不片面追求物欲享受而力求全面提高个人与家庭的生活质量。

对提高这六种精神因素所构成的人文素质来说，传统文化中有许多的精华都可以起到教育、滋养、启迪、熏陶的作用，限于篇幅不能一一详说，只说说传统文化中儒、道两家共同倡扬的"克己修身"的思想，对人实现自身价值能起什么作用。

第一，"克己修身"才能提高"自身价值"并实现"自身价值"。

　　现在有些人有个思想误区，即只讲"实现自身价值"，不讲"提高自身价值"。人当然天生就有价值，是一个生命体，而且是"万物之灵"，这价值应当重视，但还有待提高。提高不能靠"包装"与"炒作"，必须要真正提高"质量"，具体表现无非就是德与才。这两方面的提高，只有通过"克己修身"。"玉不琢，不成器"，人如果不"克己修身"如何能成"大器"？所以孟子说："天将降大任于斯人也，必先苦其心志，劳其筋骨，饿其体肤，空乏其身，行拂乱其所为，所以动心忍性，增益其所不能。"不经艰苦磨炼，如何能"增益其所不能"？

　　有人说："现在是竞争社会，你不教人去竞争，却教人'克己修身'，那怎么行？"竞争靠什么？靠"打、砸、抢"？靠坑蒙拐骗还是假冒伪劣？都不行。只有靠素质，靠实力，靠优势。老子说："自知者明"，"自胜者强"。有了自知之明，才能不断在德才两方面力求上进；有了自制自胜之力，才能克服各种诱惑与邪念，致力于德才的进修。运动员在比赛中，那一时的竞争是何等激烈！然而究竟谁胜谁负，却实际上取决于长年累月的"克己修身"，即通过无比刻苦的训练，养成坚强的意志、良好的作风和高超的技术。这才是竞争取胜的根本保证。

第二，"克己复礼"维护社会安定，才有利于最大多数的人实现"自身价值"。

孔子所说的"礼"，自然有其特定的历史含义（本指"周礼"）。现在讲"克己复礼"，当然要根据现实的情况，把"礼"诠释为当前社会的正常秩序与行为规范。公平竞争与大多数人"自身价值"的实现，绝对离不开社会的有序与安定。要维护正常的社会秩序，每个公民都必须有"克己修身"的自觉，而不能放纵私欲，自我膨胀，蔑视法则，为所欲为。当前社会上出现的一些反理性、反社会的罪恶行为，可以使人从反面加深对"克己复礼"的认识，只有有序安定才有利于人们的生存与发展。

第三，"己所不欲，勿施于人"，建立良好的人际关系。

竞争的成功与"自我价值"的实现都离不开良好的人际关系，而只有"克己修身"才能"得道多助"。"己所不欲，勿施于人"是"克己修身"的重要行为表现。这两句话过去在国内曾受过批判，现在也被一些人视为"老生常谈"，然而在国外却被许多人称为成功的"黄金法则"。究竟哪种评价恰当，看看现实情况就可以找到答案。现实生活中不乏因任性胡为而众叛亲离的人，最终导致个性扭曲，一事无成。而很多成功者却能"克己修身"，力求"己欲立而立人，己欲达而达人"，"己所不欲，勿施于人"，从而与人建立互助互利的关系，乃至形成团队精神，有助于集体与个人的成功与发展。

1999年11月

天时·地利·人和

《三国演义》记刘备"三顾茅庐"，诸葛亮为他分析天下大势并提出了未来的战略，这便是著名的《隆中对》；《演义》所记全出于《三国志·诸葛亮传》。紧接着《演义》又写诸葛亮取出一幅地图，对刘备说："此西川五十四州之图也。将军欲成霸业，北让曹操占天时，南让孙权占地利，将军可占人和。先取荆州为家，后即取西川建基业，以成鼎足之势，然后可图中原也。"这段话把未来三分天下的局面说得更加简单明了，却为《三国志》本传所无。由于《演义》的广泛传播，天时、地利、人和之说也就深入人心，竟至成了中国传统文化中得到广泛认同的成功三要素。

但"天时"这个东西，不知究竟指什么。古人的理解中大约免不了包含对"天命"的迷信；实际上当是指某种形势的发展趋势。这个因素的确厉害，所以讲"大势所趋"便意味着不可阻挡。又说"时势造英雄"，还说"形势比大人物厉害"，这都符合人们的阅历与常识。于是，"顺天者昌，逆天者亡"便成为人们的共识。

"地利"这个因素也很有用。它的好处不但是"得天独厚"，而且相当稳定。如土地肥沃、物产丰富、山明水秀、交通方便等，在古代都主要取决于自然条件，不大容易发生变化。

"人和"这个因素听起来最好，做起来却难，因为变动性太大。所谓"人心难测"，又谓"知人知面不知心"。萨特甚至声称"他人即是地狱"，请问与"地狱"如何达到和谐？幸而他这话说得过了头，因为善良正直的人毕竟是多数。但善良正直的人之间也不一定就能够相互沟通，所以"人和"这种境界还是不容易达到。《三国演义》写诸葛亮推崇刘备"可占人和"，虽然刘备确有不少优点，但是否占了"人和"却也难说。照《三国演义》所写，司马徽曾对刘备说："伏龙、凤雏，两人得一，可安天下。"后来刘备果然把诸葛亮（伏龙）、庞统（凤雏）都延揽到手了，但两人的合作却不理想。庞统随刘备入蜀，总怀疑诸葛亮会嫉妒他得了头功，因此不听忠告，终于死在落凤坡。这虽是小说，看起来却有真实感。伏龙、凤雏是刘备的两个主要助手，他们还都是极聪明的人，尚且不能通力合作，可见要做到全面的"人和"是多么不容易了。

"人和"虽难，但若想安邦定国却是非此不可。因为"天时""地利"说到底仍要由人来实现。先拿"地利"来说，孙权虽然得而称帝，但他死后，只传了三个"嗣主"总共二十八年。其间大失"人和"，故而不得久长。在三国吴之后，江东这块宝地，后来又有东晋和宋、齐、梁、陈建国于此，都是偏安局面；只要看看改朝换代的频繁，便可以想见其"人和"情况了。至于南宋建都临安，虽有苏、杭这样的"天堂"，却竟出现了"山外青山楼外楼，西湖歌舞几时休？暖风吹得游人醉，却把杭州作汴州"的局面，那"地利"竟是转化为"地害"了。由此可见"地利"是要人来实现的，光是自然条件好不见得有多大的用处。

至于"天时"，前面已说过其实际内容乃是某种形势的发展趋势；而这趋势实际上又体现了许许多多人所共同坚持的历史要求。关于这一点，大约要算春秋时代出现的情况最能说明问题了。本来周王朝分封诸侯，王室占有的土地和劳力大大超过各诸侯国；诸侯再把土地劳力分一点给陪臣，公室的力量当然也超过私家。后来铁工具出现了，私家为了自身利益，让劳动者使用铁工具去开垦原来难以开发的土地。这土地比原来已开发的平原沃土不知要大多少，因此不断开垦就使得私家实力大增。在这过程中，当然也要给劳动者一些好处，无非是对他们管束松一点，让他们所得多一点。但就这一点点变化却也是坚守"周礼"的公室、王室所办不到的。搞到后来整个局面完全倒过来了，私家的力量远远超过公室，诸侯国的壮大又远远超过王室。终于季孙氏在鲁国掌权，田氏在齐国篡位，韩、赵、魏三家也把晋国分了，从而进入了战国时代。在这过程中，大多数人都只不过想要改善一点生活处境而已，这原是极为自然之事，却合成了一种不可抗拒的历史要求与发展趋势，使社会发生重大的变革。由此可见，所谓"顺天者昌"实际上只不过是适应了大多数人的要求；而既然能适应大多数人的要求，当然也比较容易达到"人和"。所以，天时、地利、人和其实是有内在的联系的；而在三者之中，"人和"乃是主要的环节。

诸葛亮的"天时、地利、人和"三分法，说得虽好，却是"小说家言"，因为只见于《三国演义》而不见于《三国志》。那么诸葛亮的主要政治思想究竟是什么呢？恐怕只有"法治"二字可以概括。先从他自己的著述来看，《出师表》强调了两件事。一是执法公正。如说："宫中府中，俱为一体，陟罚臧否，不宜异同。若有作奸犯科及为忠善者，宜付有司论其刑赏，以昭陛下平明之理，不宜偏私，使内外异法也。"二是亲贤远佞。如说："亲贤臣，远小人，此先汉所以兴隆也；亲小人，远贤臣，此后汉所以倾颓也。先帝在时，每与臣论此事，未尝不叹息痛恨于桓、灵也。"这些思想并不新鲜，但是对刘禅的统治却有针对性。

诸葛亮的另一著述《答法正书》①虽也只是强调法治，但有些话却说得相当透辟。如说："宠之以位，位极则贱；顺之以恩，恩竭则慢。所以致弊，实由于此。吾今威之以法，法行则知恩；限之以爵，爵加则知荣；恩荣并济，上下有节。为治之要，于斯而著。"赏罚公平是法治的重要内容，这段话重点是讲赏；赏本为皆大欢喜之事，然而却很有讲究。因为恩赏与爵位都是激励手段，所以必须通过严格的考核来论功行赏。倘若一味靠恩赏来安抚，或靠论资排辈、人人有份以及其他不公平、不合理的办法来进行封赏，那么即使提了位、加了爵，也不能使人"知荣"；非但起不到激励作用，反而会产生攀比嫉妒等弊病，皆大欢喜就可能转化为皆不欢喜了。

再看《三国志》作者陈寿对诸葛亮的评论，在本段中主要有两段话：

---

① 见《三国志》（本传裴注）。

抚百姓，示仪轨；约官职，从权制；开诚心，布公道。
尽忠益时者，虽仇必赏；犯法怠慢者，虽亲必罚。服罪输
情者，虽重必释；游辞巧释者，虽轻必戮。善无微而不赏，
恶无纤而不贬。

科教严明，赏罚必信，无恶不惩，无善不显。至于吏
不容奸，人怀自厉，道不拾遗，强不侵弱，风化肃然也。

这两段话，前者重在讲措施，后者重在讲效果。措施具有
明显的法治特征，效果倒大有"人和"的意思。假如陈寿说的
大致符合史实，那么诸葛亮虽然并未强调"人和"，倒是通过
法治达到了事实上的"人和"。这一历史经验无疑是值得重
视的。

"天时、地利、人和"的三分法流传已久，影响很大。而
当人们想到"人和"时，比较容易产生你好我好、一团和气的
印象。但真正的"人和"却应该是社会安定有序，人们积极向
上，还能互助协作。而要做到这一点，除了宣传教育之外，恐
怕的确还需要实行法治；法制完备，有法必依，执法必严，这
也许正是达到"人和"境界的有力保证。

原载《群言》1995年第9期

谈谈孟子的"性善"说

甲：孟子认为人性善，他说："恻隐之心，人皆有之；羞恶之心，人皆有之；恭敬之心，人皆有之；是非之心，人皆有之。"[①]在另一篇中，他说得更为激烈："无恻隐之心，非人也；无羞恶之心，非人也；无辞让之心，非人也；无是非之心，非人也。"[②]这种说法太绝对了，显然不完全符合事实。

乙：孟子对人性讲了许多看法，其实他心里并没有完全想清楚，所以有些说法是自相矛盾的。例如他说："人之所不学而能者，其良能也；所不虑而知者，其良知也。"这就是著名的"良知良能"说。接着他又具体指出仁和义是人们天然就有的良知。[③]但他在和告子辩论"性善"问题时，却又说："乃

① 《孟子·告子上》。
② 《孟子·公孙丑上》。
③ 《孟子·尽心上》。

若其情，则可以为善矣，乃所谓善也。"（意思是："人的本性可以是善的，这就是我所说的性善。"）"可以为善"与"天然就善"已经有很大的区别；他接着又说："仁、义、礼、智，非由外铄我也，我固有之也，弗思耳矣。故曰：'求则得之，舍则失之。'"①包括仁义在内的"良知"既然是"不虑而知"的，又为什么要"思"而且"求"呢？这说明他对这个问题的看法的确还拿不准，在辩论中无法自圆其说时，就只能对"性善"的解释有所改变了。

甲：看来善恶的确是在后天养成的，这是可以肯定的了。

乙：可以肯定。但从心理学的观点来看，有一点也值得注意，即羞恶之心、恻隐之心、辞让之心、是非之心等，是人类所特有的心理活动；而这些心理活动，正是人类养成善良之性的前提。动物没有上述"四心"，所以无所谓善恶。

甲："四心"为什么是人类特有的呢？

乙：主要有两个原因：一是人类有主体意识，二是人类的抽象思维和对事物做出间接反映的能力。先说说主体意识。人在婴儿期的后阶段开始有主体意识（或者叫自我意识），能够"把自己作为主体从客体中区别出来"。动物没法做到这一

---

① 《孟子·告子上》。

点，故而始终只凭本能在客观世界中混。人从区别主体与客体开始，随之即有了主客观关系的意识，表现为自我感觉、自我评价、自尊心、自制力、荣誉感、耻辱感等。所以，孟子说"羞恶之心，人皆有之"，这话是对的。动物没有主体意识和主客体关系的意识，因而也就没有荣辱之感，它们是不怕难为情的。这是有关主体意识的作用。再谈谈抽象思维，它具有概括性和间接性，能对事物做出间接反映。例如人通过对直接和间接经验的概括，知道处在什么样的情况下会很痛苦，所以他自己会预先设法避免陷入这种情况；而在他人陷入这种情况时，又能够想象其痛苦而产生恻隐之心。这都是人类思维所特有的间接反映能力。所以，孟子说"恻隐之心，人皆有之"，这话也是对的；同样，"是非之心"也是基于对事物及其发展后果的间接反映，即运用抽象思维对事物做出了判断的结果。动物没有抽象思维和做出间接反映的能力，因此也就谈不上"恻隐之心""是非之心"。

甲：孔子一再说"己所不欲，勿施于人"，这显然也是间接反映，因为能预料把自己所不欲的东西强加于他人，他人也必然是不欲的。在这一点上，倒可以看出孔孟之说是一脉相通的。

乙：的确如此。

甲：仔细想来，正常的人因为有"主体意识"和"抽象思维"，所以会有"羞恶之心""恻隐之心""是非之心"等；但不能因此就说人性是善的，因为还要看这些"心"的实际内容究竟是什么。在第二次世界大战中，德国法西斯残杀犹太人，日本侵略者在南京进行大屠杀，这都是罪恶无耻的暴行；然而这些犯罪者却不以为耻，反以为荣；不以为非，反以为是；也根本谈不上"恻隐之心"。由此可见，善或是恶，主要还取决于世界观、价值观和行为的实质，而不取决于人所特有的某些心理活动。孟子本人还有个很招人讥议的说法，他说："君子之于禽兽也，见其生，不忍见其死；闻其声，不忍食其肉。是以君子远庖厨也。"这说明"君子"虽然对禽兽之被宰烹有恻隐之心，却并不能改变其吃肉的要求；杀禽兽以满足口腹之欲，这件事如能做善恶的评估，则与有无恻隐之心没多大关系。总之，以人有"四心"来证明人有"良知"和"性善"，事实上还是证明不了的。

乙：我完全同意你的说法，所以我刚才说人有"四心"只是养成善良之性的前提。真正的良善还取决于究竟为什么而羞恶，对什么讲恻隐，以及究竟以什么为是，以什么为非，等等，这才是区分善恶的实质性内容。不过，我也要指出，"四心"作为养成善性的心理前提，其作用也不能忽视。

甲：我不但没有低估"四心"的作用，而且在今天这番谈话以前，思想深处还好像是无条件地把"四心"视为好东西，这又是为什么呢？

乙：主要因为衡量是非善恶的标准在历史上虽有变化发展，但任何社会都有许多早已取得共识的公理以及公认为正确的价值观，"四心"所体现的常常是这些得到公认的内容，所以人们一般都认为它是好东西。

甲：你能不能说得更具体些，结合些实例来解释？

乙：比如现在，"为人民服务"的思想与行为被公认是正确的、光荣的；而损人利己则被公认是错误的、可耻的。因此，一个人有"是非之心"，就意味着他赞同"为人民服务"，而反对损人利己；一个人有"羞恶之心"，则意味着他以损人利己为耻，以"为人民服务"为荣。这样，"是非之心"与"羞恶之心"的实际表现就不再是某种心理活动模式，而是与公认为正确的内容结合在一起了。由于这种情况相当普遍地存在，人们就直接认为"是非之心""羞恶之心"等都是好东西了。再说一个"恻隐之心"的实例，如对残疾人的同情与帮助，可以说历来得到广大群众的赞同与支持。假如有个别人对残疾者不但不同情帮助，反而加以欺侮或嘲弄，就必然引起公愤；这公愤就表明人们对"恻隐之心"的直接肯定。在任何社会中，与"四心"相联系的公理性内容是相当丰富的。这里只是举例说明而已。

甲：照这么说来，与公理或公认的价值观相联系的"四心"就绝不是什么天生的"良知"，而是人在后天养成的优秀品质的有机组成。我从前看到《管子·牧民》篇把礼义廉耻称为"国之四维"，并说"四维不张，国乃灭亡"，觉得把"耻"字提到这样的高度有点难以理解。现在看来，与正确的价值观相联系的"羞恶之心"的确是十分重要的。不知羞耻则必然不择手段，无所不为。这样的人如果多起来，就难以形成良好的社会风气，也必然影响到正常的社会秩序。同样，与社会公理相联系的"是非之心"也是重要的。这不但能驱使人明辨是非，也激励人见义勇为。

乙：你似乎很重视"羞恶之心"与"是非之心"；其实，与正确的世界观、价值观相联系的"恻隐之心""辞让之心"也是精神文明的表现，也影响到社会风气与社会秩序。我们不同意孟子把"四心"视为天生的"良知"，却认为应该在素质教育中加强"四心"的养成，使正确的世界观、价值观深入到实际的心理活动，并表现为具体的行为。

1998年7月24日

亦庄亦谐说"四""八"

甲：我发现很多人对数字怀有奇怪的心理倾向，或爱或憎，或趋或避。数字招谁惹谁了？为什么会有这种心理倾向呢？

乙：数字并没有招谁惹谁。因此，你说的现象只能从各人的主体方面寻找原因。例如某个数字曾和某人的祸福遭际发生联系，于是他就对这个数字有了爱憎倾向。

甲：如果是这样，倒也罢了。但现在有不少人避"四"趋"八"，仅仅因为"四"与"死"音近，"八"与"发"音近。这即使作为迷信来看，也未免太浅薄可笑了。

乙：避"四"趋"八"的确在社会上相当流行，但也有例外。友人某君就曾说，"四"是最好的数字，有"四"就意味着安稳牢靠。例如桌子、椅子，只有四条腿的最适宜，既便于使用又最为稳定；汽车有四个轮子，行驶迅速而安全；人有四肢，便于活动与创造。国家有"四大班子"，有利于稳定与发展；"文革"中"四大班子"都不起作用了，只有"中央文革"做充分的表演，结果乱了十年，差点把国家搞垮。我们现在必须坚持"四项基本原则"，努力实现"四个现代化"，国家才能长久安定并日益富强。他这些说法，听起来很有点意思。

甲："四"在中国文化中的确是个重要的数字。例如天有"四时"，春夏秋冬；地有"四方"，东西南北；社会分工有"四民"，士农工商；孔门教育有"四科"，德行、言语、政事、文学①；语言音调有"四声"（平上去入，现代普通话则为阴阳上去四声）；书籍分类有"四部"，经史子集；国有"四维"，礼义廉耻②；人有"四端"，仁义礼智③；书法有"四体"，正草隶篆；中医有"四诊"，望闻问切；饮食有"四大菜系"，川鲁苏粤。戏曲行当有生旦净丑，功夫有唱念做打；其中京剧对"四"尤为崇尚，例如"四大名旦"梅尚程荀，当初推选时徐碧云得票第五，故而曾有"五大名旦"之说，但终于还是"五"不敌"四"。而且"四大名旦"之后再来一个"四小名旦"，似乎要让"四"的模式代代相传。京剧

---

① 见《论语·先进》。
② 见《管子·牧民》。
③ 见《孟子·公孙丑上》。

还有"四大须生","海派"的说法是谭余麒马,"京派"的说法是谭马杨奚,二者都有不妥之处。"海派"把余叔岩列在谭富英之后,但余的辈分比其他三人为高,不宜并列;"京派"排斥麒麟童(周信芳),地方偏见太重。其实,只要改为"五大须生"(谭马麒杨奚),问题就解决了;但"五"不如"四"合乎传统惯例,所以至今仍各说各的"四大须生"。中国人对"四"历来看重,有时甚至硬要凑成"四"数,如举国认同历史上有"四大美人",这说明"选美"活动实际上是中国人首先搞起来的;但选出美人四个并无必然理由,例如赵飞燕不入选,但无人能证明她不如杨玉环;可见"四大美人"是在"四"模式的巨大影响下凑成此数。又民间流传的唐祝文周"四大才子"故事,为了凑数还不惜在唐伯虎、祝枝山、文徵明三个历史人物之外再造出一个"周文宾"。可见"四"模式在中国文化中影响有多大。

乙:"凑四"这种现象的确存在。但"四"在社会生活和文化领域中广泛运用,竟然构成一个模式,我总觉得不是偶然的。试想一张桌子,装上四条腿,的确是最为完整、稳当而简洁地支撑全面;三条腿不稳当,五条腿不简洁。由此可见,"四"是一个较有概括力度、适于架构整体的数字。又如世界各民族都将一年分为四季,虽然其具体划分由于地带寒温而颇有差异，但并没有哪个民族将一年分为三季或五季。这显然因为分成四季既能简洁地概括全年，又最能集中表现各季的特征；而抓住特征正是进行概括的根本着力之点。如四方与四季虽然有别（一指空间，一指时间），但就四方的每一方各有特征这一点而言，却与四季有相通之处。四方如改为五方、三方，未尝不能概括全方位，但究竟不如东南西北四方更能清晰而不混淆地显示各个方位的特征。

甲：照你这么说，"四"模式的运用简直是"天造地设"了？

乙：就"四季""四方"而言，"四"模式的运用应该说是准确地反映了客观事物本身具有的结构状况。由于在传统文化中"四季""四方"分属"天""地"，所以要说这两个"四"模式是"天造地设"的也未尝不可。但是，客观世界中的各种事物，其结构模式绝不会是单一的，"四"模式只是其中之一；只不过这种模式的适用性的确很大，尤其在中华传统文化中深受重视。因此不应该让避忌"四"的错误心理在社会上蔓延，以至于影响对客观事物的认识与架构。

甲：其实，在古人心目中，"四"还是个很"吉利"的数字，例如以"良辰、美景、赏心、乐事"为"四美"[①]；以福

---

① 见谢灵运《拟魏太子〈邺中集〉诗八首序》。

禄寿禧为"四喜";脍炙人口的《四喜诗》也以"四"架构，把久旱逢雨、他乡遇友、洞房花烛、金榜题名四事视为人生大喜。"四"在人们心目中，还往往是完满、周全的象征。这种观念虽无科学依据，但至少有一定的文化根源，绝不像以"四"为"死"之类的心理那样浅俗。

乙：把数字与吉凶祸福联系起来都属迷信；迷之较深就会成为某种心理障碍，不利于工作与生活。有人为了使车牌和电话号码有"8"而不惜花大钱，"8"字越多费用越大。反之，车牌号电话号有"4"则长久心里不痛快。像这种满心疙瘩的人如何能潇潇洒洒过日子，干净利落办事情？

甲：我听人说过一件事，不知是真的还是笑话。有人出差办事，在宾馆住的是440房间，心里就有疙瘩，事情也办得不顺利。他到服务台要求换房，可是宾馆已经住满了。服务小姐对他说："440这个房间，我们总是留给出差办事的人用，图个吉利嘛。""440怎么会吉利呢？""440就是'事事灵'，也就是'事事如意'嘛。"此人听了这番鬼话竟然心情大变，事情也办成了。后来他还常跟人说"440"这个数字非常吉利。这真是太可笑了。

乙：既然如此，我就也来说个笑话，那可绝对是真的。有一年我在南京寓所，早晨忽被电话铃声惊醒，原来是上海某报的电话采访，要我谈谈对"5·18"的感想。我睡意未消想不起"5·18"是什么纪念日。对方说，今天就是"5·18"，是全国各地大办婚事的日子。我们就是要你对这种现象谈谈看法。我听了觉得有点心烦，大家办婚事，为何要把我这个人叫醒来谈看法？于是就产生了想要开个开玩笑的心情，从而讲了如下一段胡言乱语："我认为'5·18'这个日子最不宜结婚。因为'八'这个数字有分离与相背之象，所以'分'字从'八'从'刀'。东汉时期高度成熟的隶书称为'八分书'，唐代张怀瓘曰'若八字分散'[①]，清代包世臣解曰'八，背也，言其势左右分布相背然也'[②]。'5·18'三字，5像渔钩，结婚为双方情投意合之事，岂能用渔钩这种阴险之物以诱饵骗取对象？1则是光棍一条的形象。8不但有分离、背离之意，而且其阿拉伯字乃手铐之形，其象大凶。因此，'5·18'这个日子最不宜于结婚。"记者问："你这番话能不能见报？"我说："万万不能，我说的只是笑话，正如同把'5·18'视为'吾要发'也是笑话一样。"电话采访结束后，我匆匆吃了早饭，赶紧跑到大街上去看，仅仅从寓所门口走到大行宫，就已经看到二十个结婚车队，大多非常豪华，

---

① 《书断》。

② 《艺舟双楫)》。

使我油然而生盛世升平之感，不禁对刚才接受采访时说的那些话颇有悔意。"5·18"全国大办婚事有什么不好？这样的好事，若非国家安定繁荣怎会出现？我又想，如果记者对我重做采访，我定要把"5·18"三个字说得美好之极。反正一切把数字与吉凶联系起来的说法根本就是胡扯！

2003年5月

第二讲　古代诗歌

诗与文化随想

在南京值先母忌日，思亲念昔，书孟郊《游子吟》条幅，并附识曰："此唐孟东野游子吟也。身为游子四十年，子欲养而亲不在，感而书之。"书毕泪已盈眶矣。

后来又想到此事，认为孝道是中国传统文化的要义之一，但历代有关孝道的说教，是因为维护了封建宗法制而成为金科玉律的；现在代易时移，已了无影响。但孝思在诗中的表现却不完全如此。如"孝子不匮，永锡尔类"[①]，的确没有什么感染力；而如"哀哀父母，生我劬劳"[②]，读来已使人惕然心动；至如孟郊《游子吟》，则其义无关宗法，其言出于至性，故而感人肺腑。

孝道之外，其他文化精华及有恒久意义的价值观念，凡经

---

① 《诗经·大雅·既醉》。
② 《诗经·小雅·蓼莪》

文情并茂之诗歌承载，皆历劫不磨，影响深远。如抒发爱国之情而说"受命不迁，生南国兮"（屈原）、"国破山河在，城春草木深，感时花溅泪，恨别鸟惊心"（杜甫）、"王师北定中原日，家祭无忘告乃翁"（陆游）、"人生自古谁无死，留取丹心照汗青"（文天祥）、"苟利国家生死以，岂因祸福避趋之"（林则徐）等等，皆能起到振聋发聩、顽廉懦立的作用。又如抒述理想与操守而说"路漫漫其修远兮，吾将上下而求索""亦余心之所善兮，虽九死其犹未悔"（屈原）、"老骥伏枥，志在千里；烈士暮年，壮心不已"（曹操）、"先师有遗训，忧道不忧贫"（陶潜）、"安能摧眉折腰事权贵，使我不得开心颜"（李白）、"致君尧舜上，再使风俗淳"（杜甫）、"不畏浮云遮望眼，自缘身在最高层"（王安石）、"了却君王天下事，赢得生前身后名"（辛弃疾）等等，也都因体现了"达则兼济天下，穷则独善其身"的传统价值观念而深入人心。所以，诗对于文化有其独特的承载传播之功。这种作用是各国诗歌都有的，但中国诗以富有形象感的文字书写，又讲究声韵、对仗，能增加视觉与听觉的美感，所以便有利于记诵和流传。

优秀诗作的传播也大大加固了炎黄子孙对传统文化精华的认同。"认同"这个词现在往往被滥用，似乎等于认识上的赞同。实则心理学所说的"认同作用"，乃是指"一种情感的移入过程"；情感当然离不开认识，因此"认同"兼有认识与情感双重的同化作用。诗以抒情为主，动人以情，故其深入人心并非仅仅道理上的认可所能比拟。现在，在全世界不少华人群体中出现了"唐诗热"，而且历久不衰，这岂非在感受诗美的同时，也强化了对祖国传统文化精华的认同！

　　大约两年前，香港某文化机构曾举办"最受欢迎唐诗评选"，当选的十篇为：孟郊《游子吟》、杜牧《清明》、李白《静夜思》、王之涣《登鹳雀楼》、李商隐《登乐游原》、孟浩然《春晓》、白居易《赋得古原草送别》、李绅《悯农》、李白《早发白帝城》、贺知章《回乡偶书》。这次评选本身，即已表现港人对优秀传统文化的深厚感情；而当选诸作中以抒述离愁别绪者为多，则深刻反映了港人心中的乡思与亲情。尤其值得注意的是李绅《悯农》的入选，因香港是国际性大都市，人们于农事生疏已久，且生活水平相对较高，许多人目睹灯红酒绿而仍能深感于"锄禾日当午，汗滴禾下土。谁知盘中餐，粒粒皆辛苦"，这正是在传统文化精华启导下的良知觉醒。珍惜天物，崇尚俭朴，顾念劳动人民的艰苦，历来是中华民族的传统美德；李绅此诗字字落地有声，港人选为"最受欢迎"，无疑表现了深挚的"认同作用"。

古代优秀诗作本身即是传统文化宝库中的瑰宝奇珍，而其影响又及于其他文化创造。择要而言，大致有三点，即想象的激发、情感的熏陶、诗意的渗透，兹简析如下：

作诗要用形象思维，其主要心理内容即为"创造想象"。想象力的有无与强弱，关系到一个民族的生机与活力；中华民族富有想象力，这突出表现在源远流长、丰富多彩的诗歌创作上。诗的流传也激发了其他创造活动的想象，因为就人的大脑机能而言，各种想象活动是相通的。在中华民族传统文化体系中，诸如民俗文化、艺术文化、器物文化、饮食文化、旅游文化等等，无不表现了活跃的想象力，而其中又往往灼然可见诗之想象的激发与诱导作用。

中国人历来重视"诗教"，这是因为深知思想教育必须结合情感熏陶才能更加深入。孔子将"诗教"概括为"温柔敦厚"，虽未必全面，但这正是与文化主流中的中庸之道相呼应的。从更广泛的意义上说，诗的情感熏陶乃是通过喜怒哀乐的宣泄与诱导，使人的行为既有情感驱动，亦受理性制约。一切反理性的任性使气偏激行为总是只能偾事，而不足与言创造。所以，有志于文化创造者大都也重视情感的磨炼，使之具有驱动创造思维的适当力度。从这一点来看，传统"诗教"所强调的陶冶作用，对各种文化创作都有积极的意义。

传统文化六讲

诗意的含义相当模糊，不易说清却不难感受；也许可以描述为一种格调优雅、能启发遐思联想、令人悠然神往的情味或氛围。作诗以意境为尚，意境即具有此种功能，使人在悠远的联想中感受诗美。诗的这种思维经验很有扩张力，使各类艺术如书法、绘画、摄影、雕塑、建筑、戏曲、影视、舞蹈以及园林景点乃至某些器物的创制无不追求诗意；而诗意的浓淡有无当然与创作者对诗的修养深浅大有关系。因此可以说，在中华民族的文化创造中，诗的渗透是无处不在的；它在各种文化艺术中都起"发酵"作用，使许多创造物都具有浑雅隽永的诗美。

《屈原辞研究》前言

我想，凡是研究屈原辞的人，大概都认为这一研究对象价值很高，意义重大，理应得到广大读者的高度欣赏。然而，根据我的了解，当代有许多人，包括部分大学中文系学生在内，是并不喜欢屈原辞的。有的人还认为："研究者对屈原辞的评价只不过因袭了传统观念，是人云亦云；其实他们自己心里并不觉得屈原辞真有那么好。"我对这些说法是比较能够理解的，因为我在当大学生时，对屈原辞也有类似的想法。那时我虽然想研究文艺心理学，却对中国古代文学也有广泛的兴趣；不过，在中国古代文学中又有两个伟大作家属于例外，其中之一便是屈原（另一个是关汉卿，这里不暇多说）。那么后来为什么又转变了呢？

我在1955年大学毕业后，先是当了王瑶先生的现代文学研究生，不久就走上了坎坷之路。1959年冬天，领导上让我去协助游国恩先生编纂《楚辞注疏长编》。我觉得这真是命运对我的嘲弄，我不喜欢楚辞，却偏偏要专门去和楚辞打交道。由于那时游国恩先生已经有了《离骚》《天问》两部长编初稿，所以便让我负责收集《九歌》的资料。当时查阅的包含《九歌》资料的书籍约为一百五十种，这就意味着我要把《九歌》读一百五十遍，并逐句辨析，然后才能把这些资料分别编集到《九歌》的各句之下。当这一百五十遍尚未读完的时候，我的思想便发生了变化，认为《九歌》实在是天下至美之诗。此时就再也不觉得收集这些资料是枯燥无味的工作，反而因为看到前人居然能对《九歌》各篇做出那么纷纭的解释，觉得很有意思。这甚至引起我对人的思维方法以及思维与时代关系的兴趣。

《九歌》资料收集完毕之后，游国恩先生又让我对他的《离骚》长编初稿进行补充和校勘。这样，我便又把《离骚》读了一百五十遍；而其结果，也同样出现了感受与理解上的变化。这个时候，我除研究楚辞之外，也做古代文学的教学工作，这就使我总是有意无意地把《离骚》与文学史上的其他名作相比；终于感到所有的名作虽各有好处，但从抒情的深度来说，它们却都比不上《离骚》。这一体会还对我欣赏其他文学艺术发生影响，即认识到感受作品的深度是相当艰难的，然而却又是艺术欣赏中一件重要的事情。

我虽然写了以上这些话，却并不是想劝说读者朋友也去把《离骚》《九歌》看一百多遍。因为我自己若不是出于工作任务的要求，也是不可能这样做的。再说各人的情况也不一样，多读也未必就能改变对某一作品的印象。但是，我现在既然确信屈原辞是很有价值的，并且自己又曾有一个观感变化的过程，所以现在看到一些同志对它不表欣赏，心里就不免为这一宝贵的文学遗产感到可惜。当然，这种心情也许是可笑的。

有的同志问道：你既然认为《九歌》至美，《离骚》至深，那么为何不把它们美在何处、深在何处好好说一说，让别人也有此种感受呢？我的回答是：难处正在于说不清楚。我从幼时开始，在艺术欣赏中已一再遇到这种情况。例如学习篆刻，见别人文章中把汉印说成难以企及的典范；然而不论那文章用了多少形容词，我却实在无法觉出汉印有什么美妙。又如学书法，常见那《兰亭序》被人说得神乎其神，然而我对它的感受却很一般；还认为其中有些字比较难看，但别人又说它"巧处可及，拙处不可及"，这实在叫人体会不了。当然，后来随着欣赏与创作实践的增多，诸如此类的疑问大都得到了解决。解决以后，再来看别人写的那些文章，就觉得讲得有道理，不是虚言欺人。然而真正感到汉印和《兰亭序》（还有其他较为高深的艺术）的好处，却主要是因为多看多练的缘故，而不是通过别人的语言文字介绍。关于这个问题，我在一些文艺心理学的拙作中已经多有论述。主要就因为语言文字都是具有抽象、概括性质的符号，它虽可以描述各人的感性经验，却无法如实地、不折不扣地把这种经验传到他人的心中。所以说"你要知道梨子的滋味，你就得变革梨子，亲口吃一吃"。梨子是甜的、脆的，这完全可以用语言文字来描述；但它究竟是怎么个甜法，怎么个脆法，那就只有通过"亲口吃一吃"，才能真正感知。欣赏艺术之美（如果这美又比较深奥），那就比吃梨知味要复杂得多，往往需要相当深入的品味，才能真正感知它美在哪里。在艺术欣赏的经验传授中，语言文字的论析大都只起"锦上添花"的作用，即被传授者必须对某一艺术作品之美已经有了一定的感受，再听专家一谈，才能调动并加深储存在心里的感性经验；倘若被传授者对某一艺术作品之美毫无感受，或甚至怀有相反的感受，那么专家论析所起的作用就相当有限了。屈原辞的情况也正是这样，论文很多，讲的也有理，却不能使欣赏者把辞作本身读得津津有味。

情况虽是如此，工作还是要做。所以，近十年来我给古典文献专业的研究生和进修教师开设《楚辞研究》专题课，就不仅仅着眼于学术的探讨，同时也希望同学们能够对楚辞产生兴趣，不要为了取得学分而硬着头皮来听自己所不喜欢的东西。我想，不喜欢楚辞的原因之一，乃是因为没有读通。例如常听同学们说："屈原的辞，特别是《离骚》，最为重复而杂乱，说来说去就是那点意思。"我自己在当学生时，恰恰也有类似的观感。而从前则又有人说过："《离骚》之所以妙者，在乱辞无绪。"这些话虽有贬义与褒义之别，却都是没有读通的表现。读通就是理解，而只有理解了的东西才能更深刻地感觉它。因此我在《楚辞研究》课中所做的较大努力，是通过考辨来论析屈原一些主要辞作的整体结构，帮助同学们认识这些辞作都有内在的完整性，而在表现上则是高度有序、一点不乱的。

本书作为古文献学的专著之一，就是在讲授《楚辞研究》专题课的基础上写成的，所以也还保留着原来在讲课中企图解决的一些课题。不过，原来的讲稿中有一章是专讲《九章》的，而在本书中则因《九章》部分已在论述屈原生平时多所涉及，所以不再列为专章，以免重复。

在《楚辞研究》专题课的多次讲授中，听课者的反应都比较好，大家认为对楚辞的一些问题解决比较彻底，听了课对楚辞的主要篇章有读通之感；同时也有人说因为读通而开始喜欢楚辞了。这些反应符合讲课者预期的目标，所以我心里是高兴的。不过，我并未因此而变得更加自信。过去，我读了不少楚辞和其他古籍的注本及研究著作，觉得许多研究者心里都有一句"潜台词"，即"本人的著作已经把问题完全解决了，后人无须再研究了"。这种想法是可以理解的，因为倘若没有自信，也就不会去著书立说了。然而，客观的事实毕竟是：一代代的研究者都在反驳、纠正或补充前人的说法；而他们自己又受到后代或同代人的反驳、纠正或补充。整个古籍研究就是这样往前发展的。所以我想，我的所谓"读通"也可能只是"自我感觉良好"而已。因此必须随时准备修正错误，敬希读者对本书多加指正。

1988年3月

谈谈《屈原集校注》的编撰

我的老家在苏州，先父母则定居无锡。十岁那年，先父带我到苏州探望祖母，才第一次见到破旧的祖居。祖居别无可记，只是堂屋中有一副对联，那上面写的是"老屋三间可蔽风雨，空山一士独注离骚"。这对联之所以给我留下较深的印象，主要因为上联切合祖居的情景，使人感到房屋虽然破旧，还是很有用的；至于下联，那就离现实的情景很远，所以谈不上有什么感受，但我因为欣赏上联，故而连下联也一并记住了。

大学二年级时，我因学习《中国文学史》而读了《离骚》及屈原的其他作品，读了却不喜欢；更未想到自己将来会去研究《楚辞》，但后来的情况说明，世事的变化往往不以人的意志为转移。

我是在遭遇最为坎坷之际参与《楚辞》研究工作的。那时的处境倒真与"空山一士"有点相似，心情相当寂寞；但因心无旁骛，倒是比较专注于工作。而且人经历了坎坷，就比较能够反思，也比较能够冷静对待各种事情，包括学术研究。

搞了几年之后，当然不至于全无收获。比如说对屈原的作品本来不喜欢，后来却因理解的加深而颇为欣赏了。这一过程对我了解人生也不无启示。屈原是历史上早有定评的伟大诗人，尚且要有了较多理解才能欣赏他的作品；由此，我稍稍懂得了知人论世之难和理解的重要。

我参与《楚辞》研究后，先做了几年旧注选辑的工作，因此对旧注及其流传有些想法，这里不妨略说一二。

首先，我从旧注的比较中感到，并非离原作越近的注本其说法越是正确可信。拿《楚辞》来说，现在所知最早为《离骚》作注的人，是西汉前期的淮南王；他的注本，班固在《汉书·淮南王安传》及《离骚传》中称之为《离骚传》，王逸则在《楚辞章句·离骚后叙》中称之为《离骚经章句》。从时间上说，这个注本离屈原去世不过一百多年，然而班固却在《离骚序》中对它批评道："说'五子以失家巷'谓五子胥也；及至羿、浇、少康、二姚、有娀佚女，皆各以所识有所增损，然犹未得其正。"刘安《离骚传》早已失传，据推测其中所注解的主要是《离骚》中的人物典故，而竟有不少说法"未得其正"。班固批评了刘安的《离骚传》，他自己也作过《离骚经章句》，这又受到王逸的批评，说这个注本"以'壮'为'状'，义多乖异，事不要括"①。至于王逸本人所作的《楚辞章句》则一直流传到现在，从中可以看到，此书固然是集汉人注释大成之作，但其中也多有曲解、误解《楚辞》原文之处。以上所说都是汉人的《楚辞》注，虽然"去古未远"，但并不见得比后人更为精确。当然，汉人注是有很大历史功绩的，这在其他拙作中已多有论述，这里就不重复了。

其次，注释的质量虽然与注者的学问有关，但注释中的曲解与误解又往往出于成见和偏见；甚至可以说思想方法所起的作用有时比学问所起的作用还大。以《诗经》的注释为例，它在汉代以前已被尊为"经"，并认为是用于"教化"的，汉人不能解放思想，还是把《诗》当作"经"来看，故而把许多篇章与先王后妃的"教化"作用联系到一起。这既不实事求是，当然也谈不上合乎情理。

至于说到《楚辞》，汉人确证了屈原生平及其思想的三大重点：一是忠于楚君，热爱楚国，有进步的理想与主张；二是迭遭谗害，坚持斗争，终于被疏乃至放逐；三是自沉汨罗，捐

---

① 见王逸《楚辞章句·离骚后叙》。

躯殉国。这三大重点之被确证，乃是汉人的大功；然而大功却又成了他们的"包袱"，在注释中往往不管具体作品作于何时何地，总是把许多词句与屈原生平的"重点"相联系。其实，屈原的经历与思想是多有变化的，当他尚未被谗见疏之时就不会多有怨愤之词，更不必处处表白对君主的忠心；尚未流放则不会去写流放；尤其是早年、中年之作更不会表现自杀的决心。这本是显而易见的事情，但由于汉人对屈原生平"重点"的了解已成为牢不可破的成见，所以就常常把"重点扩散"，导致曲解。当然，无论对《诗经》或《楚辞》，汉人的注释还是很有成就的，后世的人不能因为他们有这样那样的错误而一概否定其研究的成果。

还有一点是，我感到做学问的人往往对自己的看法过于自信。这是可以理解的。一个人吃了不少苦，用了许多功，才得到某种成果；这一过程中的甘苦，只有他本人感受最深，又怎能不对作出的成果珍惜而自信？所以"文章是自己的好"这句话，的确是有深刻的心理根源的。在选辑旧注的过程中，我常常感到一些注本包含着作者的一句"潜台词"，即他的注释已经完全准确地解释了原作，今后人们就不必再作注释了。然而实际情况是，他的注本并不为后世人完全认同，故而后来仍有许多注本问世，似乎永远不会休止。这一感触对我从事学术工作影响很深，只希望在著述中能有那么一点两点意思使他人觉得不无参考作用，这样也就可以了。

大约在20世纪80年代中后期，忘记了是哪个方面给了我一项任务，即编撰一部《屈原集校注》，并说这是古籍整理研究的重点项目"十五大作家专集"之一，要求能够"总结前人研究的成果，反映当代研究的水平"。我再三表示这样的要求是我和我们的研究组所无法达到的；但任务还是推辞不掉，只达成一点默契，即我们对这部书尽力而为，至于质量与水平则只能写成什么样便什么样。有了这点默契之后，我和董洪利、高路明同志便开始做这项工作。在工作中，我本人已改变不了在坎坷时期所形成的那种作风，而董、高二同志又受到我的影响，所以我们的做法仍然是冷冷清清的。但正因为如此，我们避免了一切不必要的举动，保证了工作的进度，从而在约定的时间之内把这部书编了出来。

那么书的质量究竟如何呢？这是一个很难谈的问题。因为书中所作的校注是否正确，让编撰者自己来说，是不容易做到恰如其分的。除了有些词句根本看不懂因而老老实实注上"不详"之外，我们对绝大多数词句是表述了看法的，而且自己认为这看法是对的；倘若根本没有自信，也就无法动笔了。但实际上这些看法究竟对不对，自己就很难说了。从旧的注本和新的研究来看，《楚辞》文本中有些篇章乃至单词单句，其意义似乎显而易见，然而不同的研究者却会作出那么多的不同解释，而且见仁见智，各有道理。因此我们作校注始终抱着一个态度，或者说怀有一种心情，即我们的看法仅供读者参考，而绝不含有前面说过的那种"潜台词"。同时，我们的校注如果说有什么特点，那就是所言不为无据，力求合乎情理。但这也仅是我们的主观追求，事实上究竟怎样，也还有待他人评说。

另外，根据任务要求，我们的校注应具有集校、集注的性质。我们对此做了较多努力，但仍有两个不平衡。一是各篇所引的资料不平衡。因为旧注对《离骚》说得最多，其他各篇在多数注本中都说得比较简单（当然程度不同），还有些篇章在不少注本中根本不选不注。这样，在旧注的征引中就出现了《离骚》一篇引得最多；其次是《九歌》《天问》；再其次是《九章》等篇。这种不平衡的情况对一个集校集注本来说，就显得体例上不大得当了。二是对古今见解的引用很不平衡。这倒不是存心要厚古薄今，而是因为今人的研究偏重宏观，主要是以论文形式谈大问题；因此从内容到语言都较难和传统形式的章句校注结合到一起。另外也考虑到有些旧注本比较难找，因此作为集注有意多引一点，以备读者参考；新的研究成果都见于现代书刊，比较易于查找。但无论怎么说，新旧资料引用的不平衡总是一个缺点，这是不容讳言的。还需要说明的是，我本人应对这个缺点完全负责，因为董洪利、高路明同志对现代的研究成果是充分了解的，研究组所积累的资料也完全够用，他们只是按照我的意思才不多加引用。

我从记得"空山一士独注离骚"这句话之后，往往想到他作这个注究竟有什么用，结论则是注了给自己看。可是我们现在作《屈原集校注》却不是为了给自己看，而是为了要有社会效益，为祖国的文化建设添砖加瓦。但这书究竟会有多少人来看，看了究竟有什么用，这都是疑问。出这样的书要花许多钱而根本谈不上经济效益，社会效益又极为有限，一念及此，心中就不无惆怅，反而不如"空山一士独注离骚"那样自得其乐了。

1996年10月

杜诗想象释例

　　文艺创作中的想象，往往被视为浪漫主义作品的一大特色，这当然是有道理的。例如屈原、李白的诗歌就充满了新奇的形象、绚烂的色彩，突出显示了想象的作用。但是应该看到，想象并不只存在于浪漫主义的创作之中，现实主义的创作同样也要充分发挥想象的作用。从心理学的意义上说，"想象是在头脑中改造记忆中的表象而创造新形象的过程"，或者说是"在原有感性形象的基础上创造出新形象的心理过程"。至于具体的创造方法，则主要是对保存在记忆中的表象进行分解和综合——分解出最有用的细节，又综合而成新的形象。考察人的各种心理活动，可以发现，想象乃是创造新形象的最主要而基本的心理过程。任何文艺创作既然都需要创造新的形象，也就都离不开想象。浪漫主义想象和现实主义想象的区别，主要在于前者往往创造出超现实的新形象，而后者则主要创造符合生活本身形式的新形象。但不论哪种新形象的创造，都是想象的结果，这却是需要明确的。

杜甫是中国文学史上最杰出的现实主义诗人。在他的诗作中，一切新形象的创造就都是想象的结果。现在试围绕一个例证来做点"解剖麻雀"式的分析，以期引起读者对现实主义想象问题的注意和兴趣。这个例证就是《自京赴奉先县咏怀五百字》中的名句："朱门酒肉臭，路有冻死骨。"

"朱门酒肉臭，路有冻死骨"这样的诗句，其想象特点之所以不大为人注意，主要是因为它具有高度的真实性，又完全是以生活本身的形式来反映客观现实的。文艺创作的真实性和想象性，本来是从两个角度来看艺术形象的性质，它们之间根本没有互不相容的关系；那为什么有了真实性，想象的特点就被人忽视了呢？这是因为"想象"的含义虽然由心理学做了科学的解释，但它作为一个词，在实际语言的使用中，却还有一种习惯的、约定俗成的理解。例如两个人对话，一方为了指出另一方所说的不是事实，便说"你这完全是出于想象"，这"想象"便成了并非客观存在，而是出于臆造的意思。这种理解相当普遍，而且也不能说它是错的，因为语言的运用需要尊重约定俗成。由于大多数人是根据"想象"的习惯用法来理解它的含义的，因此当他们看到浪漫主义创作中那些超现实的、不合生活本身形式的想象，便认为作者很富有想象力；而现实主义的想象，则因其高度的真实性，就被人误以为是写实而不是想象了。至于面对规划得整整齐齐的农田，住进了结构非常合理的套间，那就更不容易觉察在其创造中也曾有想象发挥了作用。文艺心理学是根据想象的科学含义来分析现实主义创作中的想象，同时认为这个问题的研究无论对创作实践和文艺理论来说都有巨大的意义。

那么像"朱门酒肉臭，路有冻死骨"这样的诗句究竟算不算创造了新的形象呢？分析人的实际心理活动，所谓新形象的创造存在着个人意义的创新和社会意义的创新的区别。个人意义的创新是指这个人头脑中出现的某个表象并未在他的生活经验中直接感知或间接形成过，所以对他本人来说的确是一个新的"想象表象"；但是这个表象无论通过什么形式表现出来，却不能使其他人得到新的感受和理解，产生新的客观作用。至于社会意义的创新，那就必须既是个人的"创造想象"的成果，又给其他人以新的感受和理解，具有新的社会意义和作用。文艺创作所创造的新形象当然必须属于后一种想象成果。像"朱门酒肉臭，路有冻死骨"这样的诗，就使人突出感到它是"写人所共见共历之事，而言人所不能言"；而所谓"言人所不能言"，实际上并不只是一个语言技巧的问题。别人之所以"不能言"，首先是因为他大脑中从来没有出现过这样一种新的形象、新的画面。他所"见过""历过"的，其实只是构成这种新形象、新画面的各个有关细节，例如朱、门、酒、肉、臭、路、冻、死、骨等，这些细节都作为表象而分散在对复杂生活经验的记忆中，因此看到这两句杜诗便感到熟悉。但他又确实未曾运用自己的记忆表象来构想杜诗所表现的那种形象；他只是根据杜诗所规定的"再造前提"来进行"再造想象"，才感受到了杜甫所创造的艺术形象。所以在语言艺术中，不论写的东西使人看来多么熟悉，但凡在形象刻画上能够"言人所不能言"的，便是通过想象而创造的有社会意义的新形象。当然所谓"社会意义"还要具体分析，它究竟是一种什么样的"意义"？在社会上将起什么作用？在艺术上又有什么质量？这样才能评定"新形象"的实际价值，而不是只要"言人所不能言"便值得肯定。杜诗"朱门酒肉臭，路有冻死骨"，在揭露唐代社会的贫富贵贱的对立上，显然有极大的鲜明性、尖锐性和典型性，能使读者加深对当时社会现实的认识；作者在诗的形象中倾注了对封建贵族腐朽生活的厌恶和对人民苦难的同情，这也会使读者随着形象的感受而产生情感的共鸣。所以这两句诗所创造的新形象无疑具有进步的、积极的社会意义，应给以历史的肯定。

"朱门酒肉臭，路有冻死骨"是在意象上彼此联系的两句诗，用来构成一幅对比强烈的画面。光从这种联系上，也可以看出它们是想象的结果。因为从作者的认识过程来说，他并不是在同一个时间和空间感受这两种截然不同的社会生活景象，并在记忆中留下相应的表象；也就是说，实际情况并不是富贵人家的"朱门"之外正好横着冻死者的尸体，等待诗人去做反映或写照。作者只是在创作构思中运用了回忆和联想，才使他在不同时间和不同空间所获得的种种有关表象联系起来。回忆和联想是想象的基础或前提，只有通过回忆、联想搜索到了种种有关的表象，然后才谈得上在"内部言语"的密切配合下，对它们进行淘选、提炼、分解和综合。当然在实际的心理活动中，回忆、联想、"内部言语"的运用以及想象的进行乃是紧密交织的复杂心理过程，没有必要也没有可能分出明确的次序来。但用分析的方法，还是可以看出回忆、联想在想象过程中所起的作用。联想可能是由对当前事物的感知而回忆起与之关联的其他事物，也可能是想起一种事物又连着想起其他有关事物。就杜甫此诗的创作情况来看，他是在回家之后回想旅途所见而写下"朱门"二句的，而且其中还可能概括了他更早的生活经验，因此显然是属于后一种联想，即完全是出现于回忆中的联想。再从联想的性质来看，"朱门酒肉臭，路有冻死骨"

是强烈对比的形象，所以这是一种"对比联想"；同时这两句也包含着贫富之间的内在的因果联系，杜甫对这种因果联系是有深刻认识的（详下文），因此这两句所写的形象又是出于"关系联想"。

回忆、联想无疑要在创作中起很大作用，但它们都只是原有表象的复现，打个比喻来说，主要是起"备料"的作用；想象才是对"原料"进行加工，以完成新形象的创造。杜甫通过"对比联想"和"关系联想"，忆起了与"朱门酒肉臭，路有冻死骨"有关的种种经验与表象，而只有通过想象才能把它们加工组合成一幅尖锐表现贫富贵贱对立的画面。这一画面也并非将有关表象随便组合一下就可以形成，而是要对表象进行细致的选择、提炼、分解和综合，才能完成新形象的创造；这种选择、提炼、分解和综合，便是文艺创作中的"创造想象"的各个环节。为了说明"朱门"二句在表象分解和综合上的细致精密，下面拟将它们分开来加以剖析。

上句"朱门"是写富贵人家的大门，这固然只是表象的复呈，完全符合生活中实际事物的形象；但作者在有关富贵人家的大量生活印象中特意把"朱门"提出来作为构成新形象的细节，这种选择和分解却正是想象过程中的重要一环。"门"在封建时代是社会地位的一种标志，所以贵族称为"高门"，平民则是"寒门";把各个家族分为三六九等也叫作"门第观念"。又"朱"是暖色,写富贵人家而突出"朱门",就给人以煊赫红火的感觉,与下句那条冻得死人的"路"恰成鲜明的对比。再若对作者的创作心理做一点猜测,那么红色又是血色,"朱门"就无异于"屠门",足以引发读者对富人剥削穷人的残酷性的联想。后来清代洪昇在传奇《长生殿》中揭露同一对象(天宝末年的封建贵族)时说,"可知他朱薨碧瓦,总是血膏涂",这种想象也可能受到杜诗"朱门"的启发,而两相比照,就使"朱门"的较为潜在的意义明朗化了(由于作者很少剖露他的创作心理活动,所以文艺心理学有时要做一些猜测性的分析,凡是这种分析都只供参考)。"酒肉"本来是香的,作者却把它和"臭"这一嗅觉表象综合在一起,从而形象地表现了封建贵族豪奢生活的腐朽性质,也充分表现了作者的憎恶之情。

下句"路有冻死骨"当然也是想象的成果。在严寒季节,"冻死"的人是不会腐为白骨的,然而作者却把"路""冻死""骨"等表象综合起来了,从而突出表现了穷苦之人在数九寒天无家可归,饥饿已使他们瘦成一把骨头,又复冻死在道路之间的极其悲惨的情景。写穷人饥寒而说"路有冻死骨",与写哭泣而说"眼枯即见骨"、写暴敛而说"已诉征求贫到骨"，同样是准确而深刻的想象，这些新形象都因为综合了"骨"这个表象而特别使人感到触目惊心。

"朱门酒肉臭，路有冻死骨"是通过想象写出来的名句，这一点没有疑义。但也要说明想象并不是一种悬空的、孤立的心理活动，不能认为一个作者只要依靠想象就能创造奇迹。根据唯物主义反映论的原理，想象必然受到人的社会实践以及对客观现实认识的深度和广度的制约。又因为人的大脑是一个整体，它的各种机能以及各种形式的意识活动都是彼此联系、互相配合的，所以想象也和其他心理活动交织在一起。继续解剖"朱门酒肉臭，路有冻死骨"这一只"麻雀"，也有助于看清楚这种种情况。

第一，杜甫写出"朱门"二句，是以丰富的生活经验和表象积累为基础的。他从天宝五年（746）起，在长安住了十年，这正是盛唐之世熟极而烂、各种危机深刻潜伏又逐渐显露的时代。诗人目睹封建权贵炙手可热，骄横豪奢而极端腐朽，也看到广大人民深受征役租税之苦，不仅生活上陷于赤贫境地，社会生产力也已遭到严重的破坏。他的这些感受和认识在《丽人行》《兵车行》等名篇中有极为典型的表现。杜甫本人为了求官和谋生，不得不在达官贵人之间奔走应酬，过一种游宴追陪、诗酒征逐的食客生活。这就使他既直接看到富贵之家的奢侈淫逸，又深感自身境遇的贫困和地位的低微。例如他说："朝扣富儿门，暮随肥马尘；残杯与冷炙，到处潜悲辛。"（《奉赠韦左丞丈二十二韵》）"饥卧动即向一旬，敝衣何啻联百结。君不见空墙日色晚，此老无声泪垂血。"（《投简咸华两县诸子》）因此，杜甫在长安十年所观察到的贫富贵贱对立的现象是多种多样的，而他的体验则是异常深切的。当他为了概括这种对立而进行艺术想象时，就有充分的富于感性的"直接表象"供他选择、分解和综合；他的想象乃是从一大堆矿砂中淘取一点真金，而不是把一杯白水晃荡成一桶的样子。在文艺创作中，想象尽管起着巨大的作用，作者的想象能力也的确互有差异，但谁要是不深入生活，缺乏感性经验和丰富多彩的"直接表象"（即从生活实践中直接取得的表象，相对于从各种间接途径取得的表象而言），那就必然是"无米之炊，巧妇难为"，创造不出深刻而生动的新形象来。特别是对于现实主义的想象来说，感性经验和"直接表象"的积累尤其具有决定性的意义。

第二，关于各种意识活动的联系，前面已经说过想象与回忆、联想交织在一起的问题；现在更要着重指出一点，那就是为了创作文艺作品而进行的想象必然是"有意想象"，不同于随便进行的"无意想象"。当然"无意想象"有时也可能在创作中起一定的作用，即在创作的酝酿阶段起某种启示或契机的作用；但只要进入构思阶段，作者的一切想象便都成为"有意"的了。所谓"有意想象"，就是为着一定的目的而自觉进行的想象；既然如此，它就必然受到抽象思维的指导与配合。例如思想、观点、道理、原则等等的考虑，就都是以抽象思维的形态活动在脑际。它们对新形象创造所起的指导、配合作用可能很明显，也可能不明显；但无论如何总是在实际上制约着"有意想象"的进行，在很大程度上决定了想象过程中为什么要对有关的表象做如此这般的分解与综合，而不是胡乱分解，随便综合；同时也在很大程度上决定了想象的成果为什么能反映事物的本质。

杜甫对唐代社会的贫富贵贱对立有深刻的概念认识，这种认识又是同他的丰富的感性经验结合在一起，所以他才能够在不同的时间、地点，通过不同的想象所创造的一系列新形象，来反映贫富贵贱对立的种种表现，并揭示其共同的本质。当然，剥削与被剥削两个阶级的各种生活现象是仅凭知觉和表象也能给以直观反映的；但是要认识两类现象之间的内在联系（主要是因果关系），特别是这种内在联系的普遍性，却非要依靠抽象思维来做概括的、间接的反映不可。例如就在《赴奉先县咏怀》这首诗中，"朱门"二句之前已经说到"彤庭所分帛，本自寒女出，鞭挞其夫家，聚敛贡城阙"；诗的最后又把自己同平民百姓做对比，"生常免租税，名不隶征伐，抚迹犹酸辛，平人固骚屑"，清楚地说明租税与征役是广大人民极端困苦的根源，而受不受税役的压榨是两种不同的人。这样一些诗句所表现的意象，都显然包含了对客观事物内在联系的抽象概括的认识，它们就像一条看不见的线索贯串在所有关于贫富贵贱对立的想象之中，从而使贫富贵贱之间的内在联系得到形象化的表现。"朱门酒肉臭，路有冻死骨"在字面上并没有表现两种现象的因果关系，但从意象的序列上，从诗句所构成的完整画面上，从语感上，以及从上下文的联系上，谁都可以感受到这里除了表现两种生活现象的对比之外，也表现了它们之间的因果关系。由此可见，从创作心理上说，"朱门"二句的写作，乃是联想、想象和抽象思维等意识活动互相联系着发挥作用的结果；如果把创作心理简单化，那是不符合心理活动规律的。当然也应该指出，抽象思维在创作构思中主要是起间接的指导、配合的作用，它是不可能派生或转化出真正的新形象来的，新形象的出现只能是进行了富有创造性的想象活动的直接结果。

第三，想象活动总是在一定的情绪状态中进行的，所以它必然受到情感活动的催化与渗透；同时，想象过程中形成的新形象又会增强原有的情感。这种情况在文艺创作的"有意想象"中尤其突出，作者往往是在情感以至激情的驱使下进行艺术想象的；而想象的不断深入又可能激发更强烈的感情。因此由艺术想象所创造的新形象特别富有情感的色彩或表现出鲜明的爱憎倾向。

　　杜甫是在长安生活中饱尝了酸辛之后才回去探望他的家属的；而一进门正好碰上他的小儿子因饥饿而死，"入门闻号咷，幼子饥已卒！吾宁舍一哀，里巷亦呜咽。所愧为人父，无食致夭折"。他是在这样一种经历和情绪状态中写了《赴奉先县咏怀》诗的，因此，早在长安就已经是他的"注意中心"和"兴奋中心"的贫富贵贱的对立问题，在这里便不能不激发他的更为强烈而深沉的悲愤。世界上没有无缘无故的爱，也没有无缘无故的恨。情感活动总是与一定的认识内容相联系的；它的表现和交流也必须依附于一定的认识成果（或是说理的，或是形象的），才会使人切实感知并引起共鸣。杜甫是在对贫富贵贱的对立有了感受和理解之后才产生他那强烈感慨的；他又由这种感慨的推动而写下了他的《咏怀》诗。因此在整个创作过程中，他的回忆、联想和想象等心理活动不能不围绕着贫富贵贱对立这一个中心，也不能不自始至终浸透了与这一问题相关的情感。"朱门酒肉臭，路有冻死骨"就是这种认识和情感的最尖锐的表现，它那令人触目惊心的形象饱含着强烈的感情，表现了鲜明的倾向；虽无一字直接表述情感的类别，却使读者深刻感受着作者的愤恨与同情，并引起强烈的共鸣，有效地实现了情感的抒发和交流。这正是创作中的想象活动与情感活动高度融合、彼此促进的结果。全诗的层次也准确地表现了情感活动是与回忆、联想、想象的展开紧密相应的。例如"穷年忧黎元"之下，紧接着说"叹息肠内热"；"朱门"二句之下，紧接着说"荣枯咫尺异，惆怅难再述"；而诗的最后则在"默思失业徒，因念远戍卒"二句之下，以"忧端齐终南，澒洞不可掇"作结。所以整个诗篇是准确表现了一种"越想越难过"的心理状态，它的特点就是在感情特别激动的时候恰当地插入直接表述情感类别和强度的语言，而由于这种直接抒情的形式已有充分的认识内容为基础，所以也能有效地加强全诗的感染力。

1982年7月10日

古诗用典谈录

听说有个学生问老师，《红楼梦》描写的大观园规模不小，其中必有许多路径。为什么第三十八回记菊花诗的创作都只说"三径"？譬如《供菊》诗说"隔坐香分三径露"，《簪菊》诗说"短鬓冷沾三径露"，《菊影》诗说"潜度偷移三径中"等。老师答道，大观园中的路，未必每条路边都种菊花，也许种菊花的就只有三条小径。又说，在古文中，三和九都可用来表示多数，三为稍多，九为很多。"三径"也可能是诸多路径的意思。

后来，学生又听另一个老师讲陶渊明的《归去来辞》，讲到"三径就荒，松菊犹存"二句时，老师特意指出，"三径"就因为陶渊明这篇名作而成典故，多见于后世咏菊之诗。学生听后恍然大悟，并认为前一位老师没学问，回答问题出于想当然。

其实，"三径"还有更早的出处。《文选·归去来辞》李善注引东汉赵岐《三辅决录》，说西汉末兖州刺史蒋诩归隐，"舍中三径，惟羊仲、求仲从之游，皆挫廉逃名不出"。于是，"三径"便成为隐者居处的代称。陶渊明因归隐而写《归去来辞》，其中"三径"即是用典，未必小园中果真有三条小路。初唐卢照邻《元日述怀》诗先说明"筮仁无中秩，归耕有外臣"，后边才述其居处"草色迷三径，风光动四邻"。可见"三径"与归隐的关系。

不过，"三径"因陶渊明《归去来辞》用了之后，它又与松菊发生了关系。但松多见于山野，山野之松才有夭矫姿致与苍壮气度；所以不大放到园圃中去写，与"三径"也就联不上。菊的情况就不同了，它主要生于园圃，而"渊明爱菊"又因"采菊东篱下，悠然见南山"而脍炙人口，因此咏菊就往往联系到"三径"。

由这一层意思来看，上述第二位老师说后世咏菊之诗多言"三径"，是出于《归去来辞》，这也还可以。倘若能上溯到蒋诩故事，说明陶渊明辞中的"三径"还有更早的出处，当然更好；因为照规矩数典不能忘祖。

中国古代的格律诗文（如律诗、骈文），按照定例要求事用典（广义还包括词语有出处）。这作为创作经验来看，现在已不必多加评议；因为无论评议出什么结果来，反正大多数作者已不可能再去写古代那种格律诗文。少数人仍对写旧体诗有兴趣，大致只为了自娱，并不想把自己的主张强加于人。

但古代诗文作为历史的文化遗产和创作成果，仍有许多人学习和欣赏。因此，从欣赏角度看，如何看待隶事用典，倒还值得一说。

一种情况是在诗文创作中"掉书袋"，堆砌典故。这种写法并不能给人以美感，起不了感染作用；所以即使在古代也已有不少批评，今天当然更不能被人欣赏。

再一种情况如前人赞扬杜甫诗"无一字无来历"，这赞扬究竟对不对？不妨举例来说明。如杜诗《望岳》"齐鲁青未了"句，仇兆鳌注引《子夜歌》"寒衣尚未了"；"造化钟神秀，阴阳割昏晓"二句，仇注引《庄子》"造化之所始，阴阳之所变"；"决眦入归鸟"句，仇注引曹植诗"归鸟赴乔林"；"会当凌绝顶"句，仇注引王褒诗"绝顶日犹晴"，沈约诗"绝顶复孤圆"；"一览众山小"句，仇注引《世说》王珣语"若使阡陌条畅，则一览而尽"，等等。从这些注文可以看出，仇兆鳌的确有学问；但如果照这样寻求诗中词语的出处来历，那么除了惯于生造字词的人之外，凡以语言文字写作诗文者，不论新旧都必然大致是"无一字无来历"的；因为他所用字词的绝大多数，前人必已用过。所以，像这样的发掘考证用字来历，实与欣赏无关。事实上杜甫本人或其他诗文作者也不可能有意去做这样的追求。

隶事用典而值得欣赏的主要有三种情况：

第一种情况是抒情述意婉曲尽致，用典比不用典更适于表达。如辛弃疾《摸鱼儿》词上阕以惜春、伤春作比喻，曲折表达感时忧世的爱国情怀；下阕则以"长门事，准拟佳期又误，蛾眉曾有人妒。千金纵买相如赋，脉脉此情谁诉"及"君莫舞，君不见玉环飞燕皆尘土"等典故，来表达他因抗敌主张不能实施、优异才能反遭谗妒而郁积的悲愤情怀，并警示谗佞之辈必不会有好下场。从本篇上下阕的关联比较中可以看出，用典其实也是一种比喻，只是用作喻体的只限于历史文化中的故事旧典，其婉而多讽的作用，则与一般所说的比喻完全一致。辛词中抒述的国势败坏和个人挫折，在当时现实中显然难以做直截了当的表达，即使敢说也不可能像本篇这样婉曲尽致而富有感染力。

第二种情况是因为用典而与历史文化发生联系，从而具有相应的意味。如王勃《滕王阁序》后半篇表现了浓重的怀才不遇之感，在"关山难越，谁悲失路之人；萍水相逢，尽是他乡之客"以下，连用"怀帝阍而不见，奉宣室以何年""冯唐易老，李广难封。屈贾谊于长沙，非无圣主；窜梁鸿于海曲，岂乏明时"等典，铺叙了古代怀才不遇者的种种情况，表现了浓郁的失落感。但是，他这样一个小青年突然闯到欢乐的盛会之中，如果只是大谈怀才不遇的悲怨，则未免有悖于特定的情境气氛而不大得体。因此紧接着写出几句很有力度的话："所赖君子安贫，达人知命。老当益壮，宁知白首之心；穷且益坚，不坠青云之志！"随后又是一串典故："孟尝高洁，空怀报国之志；阮籍猖狂，岂效穷途之哭？""无路请缨，等终军之弱冠；有怀投笔，慕宗悫之长风！"都是先说两句怀才不遇，又说两句志坚意定，因而大有跌宕姿致，是"老当"四句的具体发挥。所有这些典故，既淋漓尽致地表现了一个年轻士人的挫折感和进取心，亦因这种士人心态与历史上积累的丰富人生经验相通相连，而使人感受到厚重的历史文化意味，并因而诱发读者的思古幽情。总的来看，《滕王阁序》中许多典故的运用是熟练而多姿的，很有表达力与感染力，大可玩味欣赏。

第三种情况是用典本身构成优美的形象，并引起联想与想象。如杜甫《秋兴八首》之七写作者对长安昆明池的忆念。昆明池为汉武帝时所凿，其遗迹至唐犹存；诗人晚年在夔州，仍追忆往时在长安之所游。诗中颔联"织女机丝虚夜月，石鲸鳞甲动秋风"二句，仇兆鳌注引曹毗《志怪》"昆明池作二石人，东西相望，像牵牛织女"；又引《西京杂记》"昆明池刻玉石为鲸鱼，每至雷雨常鸣吼，鬐尾皆动"，可见是用了旧典来描写昆明池的景观。但杜甫此诗又不是简单地运用旧典，而是通过活跃的形象思维和情感投入将其熔铸为新的意象，很能诱发不同读者的不同联想与想象。如明代杨慎说此二句是"荒烟野草之悲见于言外"，又联下二句说"兵戈乱离之状俱见矣。杜诗之妙，在能翻古语"。清人钱谦益却说"杜公以唐人叙汉事，摩挲陈迹，故有夜月、秋风之句"，并总括全诗为"自伤其辟远而不得见也"。可见不同的联想与想象还导致了不同的理解。唐代诗人李商隐也是善于运用旧典铸为新意象的高手，如《锦瑟》诗中的"庄生晓梦迷蝴蝶，望帝春心托杜鹃；沧海月明珠有泪，蓝田日暖玉生烟"，便是在这方面有典型意义的名句，很有诱发联想与想象的作用。"旧典意象化"，可以说是唐代诗人在用典方面提供的新经验。这个经验对后世的诗词创作影响很大；即使是现代的新诗人也不妨变通运用，这也许有助于加重新诗的历史文化内涵，欣赏起来更为耐人寻味。

学诗闲谈

　　老友某君退休后学诗自娱,尝以所作示余,并闲谈良久,虽无高论,亦勉记之。引号中为某君语。

一　诗与"顺口溜"

　　"你看我的诗在格律上有没有问题?"

　　格律上是没有问题的,很规矩。

　　"那么这些诗写得究竟怎样呢?"

　　写到这样也不容易,当然也有不足之处。我若实话实说,会不会影响你的兴致?

　　"绝对不会。我写诗只为了自得其乐,又不想拿出去发表。"

　　很久以前,我因教学工作的需要,稍稍研究一下诗词格律。格律好像也能引起作诗的兴趣，便写了几篇拿给擅作旧诗的老先生去看。老先生说："你的诗不过是符合格律的顺口溜而已。"又说："现在讲文学史的人都批判宋代江西诗派。其实江西诗派是为后人开了一条路，作诗若不从江西诗派入手，写出来总是顺口溜，又浅又俗，还不如去写新体诗。"听了这番话，我再看看自己写的诗，觉得果然像顺口溜。但是，我也讲过文学史，也批判过江西诗派。现在自己作诗，如要从江西诗派入手，怎么说得过去？再说学江西诗派也太费力，于是觉得最便当的做法还是不写诗。

"你的意思是不是说我的诗也是顺口溜，还是不写为好？"

你写诗是为了娱情自乐，当然还是要写下去。不过你现在写的诗的确也存在当年老先生所指出的那种弊病。

"经你这么一说，我也觉得自己这些诗像是顺口溜。不过，那个老先生的话，我却不完全信服，作诗都要从宋代的江西诗派入手，那么《诗三百篇》为什么成了'经'？屈原怎么会成为伟大的诗人？特别是丰富多彩的唐诗，不是古今中外一致叫好吗？……说到唐诗，我现在想起来，觉得有不少篇读起来也像顺口溜，然而名气大得很。例如李白的《赠汪伦》一诗：'李白乘舟将欲行，忽闻岸上踏歌声。桃花潭水深千尺，不及汪伦送我情。'这首诗，在现代的选本中几乎都选收了，我却看不出它有什么特别的好处。现在你讲到顺口溜，我又感到它可真是顺口溜。特别是'将欲行'三个字更为草率。'将行'与'欲行'都是未来式。'将欲'重叠，很像俚词中的凑字成句。这诗若不是李白之作，而是现在一般人所作，则'张三乘舟将欲行''不及李四送我情'之类的诗句，恐怕就很难为人看重了。你也许不同意我的看法，那么就请说说，这诗究竟何以能成为名篇？"

对于李白的这一首诗，我还真无可奉告。

"还有，如杜牧的《清明》：'清明时节雨纷纷，路上行人欲断魂。借问酒家何处有，牧童遥指杏花村。'这难道不是顺口溜？前人说它俗，与小杜的清劲风格不一致，因而怀疑它是伪作。你在一篇文章中也说前二句俗，尤其对'断魂'二字不满意，我很同意。像杜牧那样一个洒脱的诗人，清明节出来游玩，遇上一阵小雨，何至于便要'断魂'呢？这无非是俚词中常见的凑韵罢了。"

关于《清明》，不管它是不是杜牧所作，在整体上看是好诗。因为它生动地描写出了一幅民俗风情画。我在拙作中对此有过分析。此诗虽有争议，但它脍炙人口历久不衰，"杏花村"且多被取为酒家之名，可见诗中情景确有诱人的魅力。

"你只说它算不算顺口溜呢。"

早在老先生指出我的诗是顺口溜时，我虽因此而否定了自己的诗，但对他的话还是有分析的。在我看来，在"顺口溜"三个字中，肯定"顺口"二字不能算是缺点；顺口才能通俗易懂，有什么不好？成为缺点的是写诗而落入了"溜"之一类。因为"溜之乎也"意味着不能在读者心目中留下富有诗意美的印象，读了等于没读，何必浪费时间？但是，"溜"与"顺口"之间绝没有必然的联系，不能认为凡是顺口之作，其抒情形象必然在读者心目中一溜无踪。唐代及其前后各代都不乏通俗易懂的名篇，其特点乃在于顺口而不溜；也就是说其形象极为明朗而富有美感，令人一读难忘，足见其形象思维的精深，岂可视为浅俗。

"要确切划出'顺口溜'与'顺口而不溜'的界线，事实上恐怕是很难的。"

从古至今，在人们的实际感受中，对大多数顺口的诗篇，是能够区分"溜"还是"不溜"的。不妨再以实例来做比较说明。被称为唐诗七绝"压卷之作"的王昌龄《出塞》，你肯定是熟知的："秦时明月汉时关，万里长征人未还。但使龙城飞将在，不教胡马度阴山。"这诗非常顺口，但你读过之后一定很有感受，而且联想悠远。这样，它的抒情形象便绝对"溜"

不掉。反之则有另一种情况。20世纪60年代初，有人初登长城，写了一首七律："春风淡荡度边疆，柳拂雄关万里长。薄语聊当怜戍卒，无知且莫论秦王。重修古迹成名迹，更筑心防固国防。酒酹孟姜魂断处，请收别泪庆沧桑。"这诗为了合律，显然用力不少，读起来也是顺口的，但读了以后却不能给人留下什么印象。

"请问这首七律是什么人的大作？"

这就是鄙人初学写诗而被老先生评为顺口溜的作品之一。我已说过，老先生的评论是确切的，我因此而为之搁笔。

"你未免太谦虚了，我可不能像你这样。我写诗是为了锻炼脑筋，以免衰退退快。因此写不好也要写，甚至写不出也要把它挤出来。挤就是动脑筋。比如体育运动，岂能人人得奖？但不得奖难道就不可以锻炼锻炼？"

你的想法很好。但我要补充一句，你锻炼脑筋不能停留在"挤诗"上，而要首先在意有所感、情有所动上用力气。陆游说："汝果欲作诗，工夫在诗外。"诗外的功夫当然多种多样，但力求思想感情的充实活跃显然是重要的事情。

"意识和情感都是人们在现实生活中自然活动的，这如何用力气呢？"

可以用力之处是不少的，但最重要的是两件事情。第一，是扩大生活中的活动范围。活动范围大了，可资感受与思考的事情自然就多了；感受与思考能引发情感活动，作诗就不至于"为赋新词强说愁"了。诗的创作毕竟来源于生活，喜怒哀乐是在生活中产生的，而不可能是"强作"出来的。有了较为深刻的情感活动，才能激发出诗思来。老年人的生活天地本来已经变窄了，再若闭门"挤诗"岂不是更加转向内心生活的狭隘天地了？内心生活必须通连"源头活水"，即社会现实，才会不断有新的反映，并进行新的加工，作诗也就较有保证。第二，要加强对生活中事物的感知、思维与想象，加强就是用力气。因为年纪大了，不可避免会出现记忆衰退、感知淡漠、思维与想象不够活跃等现象。怎么办？咱们就多用点力气吧。多用力气便是一种锻炼。我在和一些老年人的接触中，听他们谈得最多的是家务事、儿女情。令人惊奇的是有些人在这方面不仅脑力没衰退，而且很敏感，对种种琐事细节还记得牢、想得深，又往往发挥想象，于是谈起来便很动感情。他们何以能如此？无非因为那些事是他们全神贯注的，是大脑兴奋中心之所在。假如兴奋中心有所转移，能对生活中丰富多彩的事物用力去感知、思索和想象，又因此发而为诗，那作品必然就较为可观了。

"我自问还不是计较家庭琐事的人，写诗也主要取材于自然风物与社会现实。但写的时候，仍然要靠'挤'。"

　　"挤"是很自然的。鲁迅说"文章是挤出来的"，我认为诗也是"挤"出来的。"斗酒诗百篇"不过是极度夸张之词，不可能有这种事。但一个诗人如对客观事物的感知与理解深一点，由此而引发的想象与情感活跃一点，那么"挤"起来毕竟容易些。"两句三年得，一吟双泪流"自然也是夸张之词，但无论如何这种吟法未免太苦，与娱情自乐更是背道而驰。唐代诗人孟郊是"苦吟派"的代表人物，但他的最佳之作却偏偏没有"苦吟"的痕迹，这就是千古传诵、感人至深的《游子吟》："慈母手中线，游子身上衣。临行密密缝，意恐迟迟归。谁言寸草心，报得三春晖。"真可以说是通俗顺口之极了，但绝不会被人视为浅俗的顺口溜，原因即在于它情感深挚，令人难忘。那么这种深挚的感情究竟从何而来？前人往往认为思亲的孝心出于天性，我看未必。倘若出于天性，就任何人都不会对父母冷酷无情了；然而冷酷无情的言行却时有所闻。诗人孟郊如此感念慈母，这种感情或者从小就在心中萌生，但更主要的恐怕还是从他那飘零身世、寒凉岁月的磨炼中酝酿出来的。

　　写诗先有了深厚的感情仍不免于"挤"，但"挤"出来的诗又像是从作者心底自然流出的；自然流出来，却又不是顺口溜，若能这样，就可算得是进入较高的境界了。

二　诗与格律

"说到格律，我现在有一些新的感觉，从前没学格律，除了感到诗押了韵比较好听之外，并不觉得诗中平仄谐调有什么必要；也就是说，对平仄没有感觉。现在学了格律并用以写诗，时间稍久，不知怎么的，再读不合平仄规则的诗，就觉得说不出来的别扭了。这中间有没有什么道理？"

诗中用字讲平声仄声的搭配，是从六朝开始的，到唐代定型为唐律。六朝以前的诗不讲平仄，叫"古体"，如《古诗十九首》就有代表性。唐代格律定型后，"古体"诗也还很多。如崔颢的《黄鹤楼》诗，号称"以孤篇压倒全唐"，看起来像七律，却是不讲平仄的；孟浩然《春晓》几乎家喻户晓，是五言绝句的首选之作，却是"古绝"而非"律绝"。诸如此类的唐诗，还有六朝以前的古诗，远至《诗经》《楚辞》，你读起来是不是也觉得别扭呢？

"这倒没有考虑过。现在想来，好像因为事先已知它是'古体'，所以便不再用平仄的观念去要求它了。"

这岂不是对古今不能一视同仁了？假如现在的人写诗并不标明律式，你何不把它作为"古体"来读呢？

"我是仅凭感觉说话，没考虑别的。我想，读古人写的'古体'诗，就好比欣赏古董，它的旧相以至于残缺，只使人感到有古气，是真品。今人写诗不合律，能不能作为'古体'来读？好像也不行。因为古人的'古体'诗有那么一种味儿，《诗经》《楚辞》及汉乐府民歌是高级古董，古味之浓不用说了；就是《古诗十九首》及伪托的《苏李诗》之类，也是很有古味的。它们能使人产生悠远的历史联想，'发思古之幽情'。可是如把现代人不合律的诗当作'古体'来读，却毫无那样一种味儿，因而是假古董，假古董看起来总是别扭的。现在有些旅游点上为了多收钱，让人穿了古装应门侍酒，这种事看起来就更别扭了。"

我们好像有点走题了。我想，你看今人的诗不合律而感到的别扭，与看旅游点上古装人物所感到的别扭，恐怕毕竟是不一样的。所以，还是要回到诗中用字讲不讲声调的问题上来。我认为，讲不讲平仄相配与感不感到别扭，是与对诗的读法相关的。

"在读法上古今有什么区别？"

诗最早是歌，是用来唱的。唱的调如果太慢，那就不但是平仄，连押韵也没多大的意义。试想两句之间隔了那么久，押韵不押韵还能在听觉上留下多少区别呢？《诗经》中的"颂"诗就多有不押韵的，因为表现的时候庄严肃穆，调子悠长，所以不必非押韵不可。至于一般速度的歌调，那词句就是押了韵比较好听；快调则更要押韵。所以《诗经·国风》《楚辞·九歌》都押韵。《离骚》太长，我想是不能唱的，所以也押韵；而且由于已有来自民间的楚歌定式在前，所以屈原及其他"楚辞"作者在创作时都遵式押韵。至于诗中用字的平仄，则《诗经》《楚辞》都是不讲的。这固然与那时语音之学还未受人们注意有关，但更直接的原因还在于"唱诗"阶段字的读音要受乐调制约，平声不一定能长唱，仄声不一定能短唱，所以讲平仄就没有必要。拿现在的唱歌来看，无论美声唱法、民族唱法或通俗唱法，唱出来的歌词，就其读音来说，平仄之分都往往很不准确；既然如此，创作歌词也就不讲平仄相配了。只有昆曲和京剧过去一直强调"字正腔圆"，无论唱念都不许有"倒字"。但在现代戏中，字音也服从曲调了。如"穿林海，跨雪原"，"海"与"雪"都是仄声，却因曲调的要求而唱成平声。

《诗经》《楚辞》以后，除了收进乐府的歌曲之外，诗就一般不唱了。唱诗变成了吟诗，吟的时候如果句中字音在平仄上相配得好，的确有利于抑扬顿挫，吟出情味来。这一直接原因再加上六朝时期语音之学大发展，所以那时便有条件来摸索平仄相配的规律，出现了讲究声调的"近体"诗，到唐代定型为唐律。"近体"和唐律所要求的不止于平仄相配，但平仄相配却是诗的格律中一项重要的内容。

总之，讲平仄乃是"吟诗"阶段所特有的格律要求。这个阶段很长，一直延伸到近代。（附带说一点：唐诗、宋词也有唱的记录，怎样唱法不知道。但作诗的人总是按照吟的要求来写的，所以并不因为有人唱它就不讲平仄。）但现在吟诗却早已发生变化，变为读诗或看诗，都不需要拉起调子追求抑扬顿挫了。所以今人写诗已大都不讲平仄。但有两个情况仍在起作用：一是由于唐诗、宋词为代表的格律诗传承久远，影响极深，所以现在仍有人写这种格律诗，既然要写便须全面合律；二是有人学了诗词格律用以创作，他们对诗词虽已不再吟咏，但在看的时候心中却在按律默诵，实际上不无吟咏之意，因此读到那平仄不谐的诗便感到别扭了。你说你是在学了格律并用以创作了一段时间之后，才感到不讲平仄的别扭，这正证实了我的说法。

"那么不讲平仄的诗作为'古体'来读，为什么也不行呢？"

这是另一个问题。你说古人的"古体"诗有那么一种"古味"，这种感受有道理。但"古味"从何而来，这却需要辨明。有人认为"古体"有特殊的格律，做了一些研究，并不解决问题。我认为"古体"的"味儿"主要来自古人所有的意象。所谓意象，就是诗人大脑中的记忆表象经过艺术想象的加工而成为含情蓄意的形象；这种形象由准确的艺术语言表现出来，就能给人以富有诗美的形象感。在这个过程中，无论就作为原料的记忆表象来看，还是从想象方式及所含的情意来看，以及从最终形成的诗化形象来看，都是受古代的社会现实、生活方式和思想意识制约的。就连作为表现手段的语言，古今也有很大的差别。所以，若是要求今人作的诗具有"古味"，那是不行的，只能造出假古董来。我刚才说你何不把今人不合律的诗当作"古体"来读，是针对你说不合律便别扭而言的；无非是格律上放宽要求的意思，并不是说当作"古体"来读便会有"古味"。事实上读严格合律的诗，情况也一样。今人作诗可以完全符合唐律的要求，却并不能因此就有唐诗的风貌与意味。

"我并没有说今人写了合律的诗便会有'唐味'。"

所以，你也不能要求今人写了格律比较宽松的"古体"便有"古味"。

"你的意思是不是说格律对诗味是毫无关系的？"

那倒也不是。有两个事实说明格律对诗味仍有一定的作用。第一，旧诗格律的宽严可以显著区分"古体"与"近体"（包括唐律）的不同风味。最明显的是"近体"诗在句数、字数、对仗、用典方面都有严格要求，读起来自然就与这些方面都比较自由的"古体"诗不一样。懂平仄、会吟咏的人更可以感到"古体"与"近体"有不同的节奏感。第二，今人如用"古体"和"近体"来写旧诗，便不能不应用较多的古汉语结构与词汇，于是诗中便会有带着"古味"的"间接意象"。

"什么叫'间接意象'？"

意象的原料是记忆表象，表象就有直接与间接之分。例如你在生活中结交了一个朋友，头脑中留下了他的形象，这便是直接的记忆表象。反之，你生平从来没见过贾宝玉，但因读《红楼梦》而留下了贾宝玉的形象，这便是间接的记忆表象。作为意象的原料既有这样的区别，那么由原料加工而成的意象便也有了直接与间接的痕迹。例如解放前有一支歌曲叫《秋水伊人》，其中形容思念殷切用了一句"望穿秋水"；思念的对象则称之为"伊人"。这就是从《诗经·秦风·蒹葭》来的，作词者读过《蒹葭》，得到了有关的间接意象，便用到歌词中来了。又如"阳关"一词，你读到它时可能觉得这不仅是简简单单一个地名，还有一点别的味儿，那是因为王维的名句"劝君更尽一杯酒，西出阳关无故人"这两句很动人，所以"阳关"一词便多见于后世的离别之曲；直到如今，人们只要读过王维的《阳关三叠》及其后的古诗词，便会感到"阳关"一词所附有的离别意味而成为人们脑海中的"间接意象"。

但是，有一点必须说明。今人作旧诗（不论"古体"或"近体"），若一味借助古汉语词汇和"间接意象"来追求"古味"，那是很容易成为假古董的。他应该表现在现实生活中形成的新意象，这才会有真情实感。古汉语的词汇与结构可以用，但从根本上说却应该用来表现"今味"。

"你认为诗究竟是有格律好，还是根本不要有格律好？"

各种艺术都有特定的形式限制，形式限制能够促使艺术家突破限制，更突出地表现特定的创造才能，这是一切文艺创作的普遍法则。根据这一法则来看，我想诗歌的语言终究还会有某些特定的要求，其中也包括节奏感与音乐性。但唐诗所奠定的格律以至更为自由的"古体"则必然要发生变化。这在目前诗歌创作的实际情况中已经表现得很清楚了。根本原因即在于社会生活、通用语言和读者对象都已发生了巨大的变化，诗的格律是不能脱离这些因素而超然世外、永久不变的。

"你能不能预测格律将发生怎样的变化呢？"

这是没有把握的。但从现在已经出现的大量作品中，也可以看出一些有概括意义的迹象。一是突破整齐对称而趋于参差倾侧。旧诗"古体"已比较整齐，律诗更力求对称之美。

"那么词呢？"

词分上下阕，也是对称的。律诗与词都讲平仄相配，也是要求节奏的匀称。中国古代艺术都有这种倾向，最突出的是建筑。现在人们的审美观念发生了巨大变化，其中之一便是突破整齐对称，力求在参差倾侧中显示生动多变。这一变化必将（事实是已经）反映到诗的形式上来。

二是变格律谨严为宽松随意。律诗和词的格律是太严了，除了最有才能的诗人以外，对大多数写诗的人来说毕竟是一种束缚。现在和未来的诗人为了更加随意地抒发情怀并充分吸收新的词汇及其他语言表述手段，一定不愿受过于严格的格律限制，而愿意用较为宽松的形式来充分表现意象活动。

三是格律可能会趋向于多样化。像唐律那样为诗人公认共用的作法，恐怕是不会有了。但是，不论怎样多样化，诗的语言总有诗的特点。多样的格律将使诗的艺术更加多姿多彩，而不能使诗变成不是诗。

"听你这么一说，按照旧诗格律来写诗是大可不必了。"

旧诗格律能否永存，不敢预测。但在可以预见的将来，即使果然出现了格律多样化的局面，旧诗格律也将占有一席之地。特别是上次你说老年学诗是为了锻炼脑筋，那就更加大可一学、大可一写了。就算写出来的是假古董吧，也不妨碍你所说的自娱其情、自得其乐。老年人不像年轻人那样激情奔放，在格律形式上多用些功夫来述怀抒情，写成了还能吟咏吟咏，这还正是很好的怡情养性之道呢。

第三讲 书法艺术

略谈中国书法与传统文化

  我国的书法艺术源远流长。事实上，当中国文化开始以书面形式积累、传承时，也便有了书法艺术的萌芽。在其后的发展中，书法艺术不仅成为传统文化的一个组成部分，而且还和整个传统文化一起延绵发展，同步相应。因此，通过书法艺术可以看到传统文化的种种精神与实质。

  文字只是记录语言的工具，而文字本身又不过是由笔画、线条组成的符号。然而我国历代的书法家却能以汉字为材料，通过丰富多彩的想象与加工，使之成为艺术形象，从而创造出一种完全土生土长、高度民族化的造型艺术来。由于中国人民对美的执著追求和卓越的创造能力，所以整个书法艺术无论在历史的发展上，还是在各个发展阶段的空间展布上，都表现出千姿百态、争奇斗艳，既有深刻传承又有飞跃创新的局面。因此可以说，书法艺术乃是传统文化中最为生动活跃的组成部分之一，它突出表现了中国传统文化的内在生机和在历史发展中的不断充实与更新。

世人皆知中国传统文化博大精深，但人们往往直觉地认为这是由于文明古国历史悠久的缘故，却不能充分注意历代人民对文化创造的自觉而顽强的追求。书法是高度个性化的艺术，"笔为心画"，人人都有独特的风格，因此在显示个人的创造追求方面具有极大的鲜明度。而且，这种在文化创造方面高度自觉的个性化追求，至迟在汉代"八分"书流行的阶段已有了充分的表现。因为大量"八分"名碑尽管在书写中都遵循了扁方横势、逆入顺出、波磔扬厉、"燕不双飞"等模式要求，却仍然姿彩纷呈，各有风致。由此以后，在各体书法的写作中，对艺术创造与艺术个性的自觉追求更是蔚成风气并且日益加深。所以中国书法虽然概括说来只有篆隶正草四体，但每种字体却都有难以计数的风格与流派，各自争奇斗艳，蔚为大观。虽然在发展过程中，由于封建科举的功令限制，在南宋以下出现过千人一面、整齐如算珠的"馆阁书法"，但这种书法即使在封建时代也几乎遭到所有书法艺术家与理论家的一致批判。这一事实在一定程度上说明祖国文化的发展中确有某种去芜存精的内在机能。因此尽管由于种种原因而泥沙俱下，但其精华部分却也日积月累，终于使传统文化在整体上变得博大精深。

在书法艺术的审美中，诸如艺术辩证法的深刻运用，气、韵、境、趣等中国特有的审美范畴的建立，书品与人品的统一，多种文化素养的陶冶，等等，都标志着书法艺术与整个传统文化的密切联系，但因篇幅所限，本文只拟重点剖析一个问题，即在历代书法创作与理论中有着鲜明表现的"以力为美"的倾向。

近人胡小石先生说："凡用笔作出之线条，必须有血肉，有感情。易言之，即须有丰富之弹力。刚而非石，柔而非泥。取譬以明之，即须如钟表中常运之发条，不可如汤锅中烂煮之面条。"这段话生动明白之极，却不只是胡先生个人的见解，而是透彻地再现了历代书法中占有主导地位和普遍意义的经验总结。早在传为秦相李斯的书论中已经强调："凡书，非但裹结流快，终借笔力遒劲。"又传为晋代卫夫人的名作《笔阵图》中也说："多力丰筋者圣，无力无筋者病。"书圣王羲之的书法流美绝伦，然而梁武帝却说："羲之书字势雄逸，如龙跳天门，虎卧凤阙。故历代宝之，永以为训。"这一评论且为后世视为定说。如唐代欧阳询书，《新唐书》本传称其"初效王羲之书，后险劲过之"；褚遂良书，魏徵称其"下笔遒劲，甚得王逸少体"。至于魏碑及颜真卿、柳公权之书，则更以刚健遒劲著称。由此可见，书法艺术不论形象、风格如何变化，均须以笔画富有内劲为第一要义。

但是，书法艺术"以力为美"并不是指写字要用巨大的力气，更不是指张牙舞爪，霸气逼人；而是指书法的线条与形象要有内在的劲力与活力。它的来源主要靠实践的功力与火候，这就叫"力由功来"。传统书法理论强调笔画要圆满可观，要"肥而不肿，瘦而不削"；反对"任笔为画，因墨成字"；要求"万毫齐力""墨到之处皆有笔在"。由此可见，"以力为美"归根到底是要求在笔墨的运用上达到高度的艺术准确性，而这种境界若不靠深厚的功力是无法达到的；书法的"力"是练功练出来的，而不是使劲使出来的。

书法艺术"以力为美""力由功来"，体现了传统文化中一些更为内在而深刻的因素。传统文化的创造有无数品种与样式，而无论哪一种真创造都必然出于真功夫。所以中国人从做学问、创事业、练本事乃至养身体，都把"功到自然成"持为信念，同时也是力求达到的理想境界；而"功"也便成了中国特有的一个概念，对一切文化创造起着引导与保证的作用。

"功"的产生只有靠勤学苦练，因此在中国传统文化中，"劝学"的诗文格言特别多，而"劝学"又总离不开由勤学苦练以积成深厚的功力，这正鲜明地反映了中国人民勤劳勇敢的气质。同时，中国人又历来强调"学无止境"，这也反映了中国人民的文化创造要求是始终蓬勃而永无休止的，这是蕴含在传统文化中最为可贵的精神之一。

这种精神在今天尤有发扬之必要。

再谈中国书法与传统文化

    中国书法艺术是中国特有的土生土长的民族艺术。它本身就是中国传统文化宝库中的瑰宝奇珍，当然与整个传统文化有源远流长的密切关系。这种关系概括说来，大约不外乎两个方面：一是它从整个传统文化中受到深刻的影响，吸取丰富的营养；二是它在整个传统文化的发展中起到了很好的作用。

    书法不过是在白纸上写黑字而已。这么简单的事情竟然能够发展成一种博大精深、罕有其匹的独特艺术，这是与无比深厚的中国传统文化所提供的多种营养分不开的。例如"阴阳"思想是中国传统文化中的基本哲理之一，它在中国书法艺术的发展中就起了很大的作用；由它所生发或演化出来的丰富而生动的艺术辩证法，可以说是整个书法艺术的灵魂与精髓。没有这个灵魂与精髓，白纸上写黑字就成不了博大精深的艺术。

    书法家写字无不注意黑白、虚实、粗细、大小、枯润、浓淡、方圆、曲直、欹正、向背、顾盼、呼应、俯仰、顺逆、刚柔、巧拙、松紧、疏密等等辩证因素的处理，达到对立统一，相辅相成，从而构成了千姿百态、千变万化的艺术形象，真无比生动地体现了《老子》所说的"道生一，一生二，二生三，三生万物；万物负阴而抱阳，冲气以为和"的思想。

最近，钱君匋先生在一篇文章中谈到他年轻时向吴昌硕请教篆刻，吴氏的说法是"实处易，虚处难。虚中有实，不是空白"。这四句话中，后两句是绝无疑义的，前两句看来似乎有点牵强，因为虚实相依，不可能分出难易来。但由于人们从直觉出发往往只注意"实处"，所以吴氏有意强调"虚处"，以引起创作者的重视。他这四句话，不仅适用于篆刻，同样也适用于书法，即前人所谓的"计白当黑"，"黑处是字，白处也是'字'"。这就是由"阴阳"思想演化出来的艺术辩证法。黑白、虚实是如此，书法创作中其他种种对立统一因素也无不如此，所以书法创作的艺术辩证法具有极大的丰富性。这种艺术辩证法不是由外国哲学派生出来的，而是中国传统文化的一个重要思想在书法创作中的生动体现，所以其理论形态是非常富有中国特色的。

再进一步看，在书法艺术中，以黑白为代表的诸多辩证因素（已见前述）所体现的"阴阳"思想仍然是浅层的；更为深层的还有"纸上的因素"与"纸外的因素"所构成的辩证统一。比如就书法的创作而言，"纸上的因素"是指笔墨书写的字和纸上所留的空白；"纸外的因素"则是指作者的情操意趣、审美观念和文化素养等等。这两个方面看来不是一回事，却有其内在的联系。因此中国人论书法，从来不停留在"就字论字"的水平上。再就书法的欣赏而言，"纸上的因素"仍指黑字与空白所构成的书法作品；"纸外的因素"则是指由书法作品引起的美的想象与种种联想。二者也是辩证统一、互制互动的，即书法的艺术形象必然引发美的想象与种种联想，而想象与联想则反过来加深对书法艺术形象的感受与理解。

说到这里，显然事情已不再限于"阴阳"思想对书法创作的影响，而是又牵连到了传统的艺术文化中一些重要观念对书法艺术的渗透。关于艺术形象具有引发联想、想象的功能，在传统艺术文化中早已受到重视，并被不同的论者赋予不同的名称，如气、韵、境、趣等等；这些名称事实上都已成了最有中国特色的审美范畴，受到许多艺术家的追求，许多研究者的探索。

近人王国维在《人间词话》中说："严沧浪《诗话》谓盛唐诸公，惟在兴趣；羚羊挂角，无迹可求。故其妙处，透澈玲珑，不可凑泊。如空中之音、相中之色、水中之影、镜中之象，言有尽而意无穷。余谓北宋以前之词亦复如是。然沧浪所谓兴趣、阮亭所谓神韵，犹不过道其面目；不若鄙人拈出境界二字为探其本也。"实事求是地看，兴趣、神韵与境界恐怕还不能说是"面目"与"本"的关系，却是因审视角度的不同而有其内涵上的差异，或者说各有侧重。但诸如此类的中国艺术文化中特有的审美范畴却有其交会之点，甚至可以说是核心内涵，那就是优秀的艺术作品必定富有引发联想与想象的魅力。所谓"无迹可求"就是说在艺术形象本身中并无某种美的直接表现，但通过了联想与想象却能得到更为丰富的美感，这就是所谓的"言有尽而意无穷"。

从传统艺术文化的发展来看，"言有尽而意无穷"的魅力，最早是在诗歌创作中被发现与追求的。因为早在《诗经》与《楚辞》中已经不乏具有这种魅力的佳句。后来这种追求才扩大到绘画与书法之中；而书法艺术则因为更具有抽象性，因此更强化了对气、韵、境、趣的追求。试看古人论书，处处离不开形象的比喻（如金刚努目、渴骥奔泉、珠圆玉润、铁画银钩等等），而所用比喻形象的丰富多彩也实是令人惊异。在一张白纸上用笔墨写上汉字（不过是抽象的符号而已），怎么会使人想到这么多的优美形象呢？这就可想而知书法艺术在追求引发联想与想象的魅力方面下了多么大的功夫。

以上只是举例说说书法艺术在传统文化的整体发展中受到其他文化成果的深刻影响，当然远不是对这个问题的完整论述。

　　那么反过来说，书法艺术在传统文化的整体发展中又起了什么样的作用呢？这不妨以三句话来概括，即利于文化传承，加深文化认同，促进文化创造。现在限于篇幅，难以尽述，只能对最后一句话略做诠释。

　　在促进文化创造方面，书法艺术所起的最为显著的作用，就是树立了发挥想象力和表现个性化的样板，给人以普遍、持久而深刻的启示。

　　任何民族的文化创造都离不开想象力的发挥，有活跃的"创造想象"，才会不断产生新的物质文明成果和精神文明成果。在创造中又必须鼓励个性化（即充分发挥个体的智能特长和性格特点），各种文化成果才会千姿百态，丰富多彩。就是在集体性文化创造中，发挥个性特长也有利于操作的进程与成果的质量。所以任何民族如果富于"创造想象"的能力，又善于发挥个性特长，那便是在文化创造中富有生机活力的表现。

　　在中国长期占据主导地位的儒家思想，的确提供了许多有价值的思维经验，直到今天还很有"古为今用"的开发余地。不过，儒家思想在对待想象力和个性化方面却有明显的局限。孔子强调"述而不作，信而好古"（《论语·述而》）。荀子的态度更加绝对化，他说："学恶乎始？恶乎终？曰：其数则始乎诵经，终乎读礼；其义则始乎为士，终乎为圣人。……《礼》之敬文也，《乐》之中和也，《诗》《书》之博也，《春秋》之微也，在天地之间者毕矣。"（《荀子·劝学》）在他看来，有了儒家的"五经"（《礼》《乐》《诗》《书》《春秋》），天地间的一切便都已完备；人们自始至终只要学这几部书就可以了，再也不需要提供新的思维经验和发明创造了。后世的人假如果真照此行事，中华民族也就不会有如此丰富灿烂的传统文化了。另外，儒家强调长幼尊卑之序，也对文化创造的想象力与个性化有束缚作用。例如从前对不好的子孙贬称为"不肖"，《说文》："肖，骨肉相似也；不似其先，故曰不肖。"这种称呼的理论背景便是子孙是不可能也不应该超过其父祖的；只要与父祖相像便是贤者，不相像便是不贤。试想代代子孙都只求与父祖相像，整个文化又如何不断发展呢？当然，儒家的这些保守观念事实上不可能完全束缚人们的创造要求与力量，所以中华民族还是创造了传统文化的丰硕成果。但是，长期标榜在文化创造上的保守观念，毕竟也会对人们的想象力和个性化的自觉发挥产生消极的影响。

只有一种文化创造除外，那便是书法艺术。因为艺术书法在各个历史时期中都是在实用书法的基础上发展进化的，而实用书法的变化则是出于实际的需要。比如说在秦汉之交，很可能祖父还写小篆，而子孙却写隶书；因为在无数紧急公文的书写中，理论上的"肖"与"不肖"已顾不上考虑，误了公事才是了不得的大事。相传秦代末年因公文紧急而繁多，所以实用书法为求简便而由小篆变为秦隶，后来又变为汉隶；隶书后来又变为楷书，并在差不多同时出现了行书、草书。这种字体变化都是高度发挥想象力的结果，而这种发挥又出于群众性的实际需要，谁也无法遏制。书法家则又对实用书法做了进一步的艺术想象与加工，使各种字体的书写都具有审美价值而成为艺术品。由此可见，书法艺术的发展从头到尾都离不开想象力的发挥。

书法的个性化也不以人的意志为转移。由于各人的性格、气质、情操、趣味、素养、智能特长乃至机体生理结构的差异，所以人们在实用中写出来的字必然是一人一个样。同样书法家对实用书法所做的艺术想象与加工也必然是一人一个样；只不过艺术书法在发挥想象力和表现个性化方面有更高的自觉意识和锐心追求，这就使得书法艺术无论在历史的发展上或各个历史阶段的横向展布上，都出现了千变万化、争奇斗艳的局面。

由于想象能力和个性特征从来是人人都有的，因此在书法以外的文化创造中也必然有所表现，而且许多表现还是相当自觉的。但大致想来，其他文化创造似乎都不能像书法艺术那样流传久远、应用广泛，使人普遍、深入而持久地感受到它那种想象力与个性化的表现，从而在文化创造中受到深刻的熏陶与启示。

南宋以下曾规定科举考试必须使用"千人一面""整齐如算珠"的"馆阁书法"，这是封建功令要求对书法想象力与个性化的束缚。但"馆阁书法"即使在封建时代也几乎遭到所有书法艺术家与理论家的一致批判。可见在书法艺术的发展中，对想象力与个性化的追求是多么执著。这也正是书法艺术不断有所创新的重要原因之一。

原载《书法艺术论集》（金开诚著，北京大学出社2008年版）

学书未成

1960年春，我因翻阅印谱而对篆刻产生了浓厚的兴趣，于是买了几块石头学刻印章。保留至今并偶一使用的只有一方闲章，文曰"学书未成"。

记得当初老友沈公见到此印，说："好家伙，你想学楚霸王！"我当即指出他记忆有误，因为《史记·项羽本纪》说楚霸王项羽少时"学书不成，去学剑，又不成"。而我这方印并非"学书不成"，更没想"去学剑"。我的印文是"学书未成"，以勉励自己继续学书。沈公听了笑笑说："你在书法方面态度还算谦虚。"

谦虚不谦虚我倒没有想过。但"学书未成"这方闲章的存在，对我来说却起到了长久的"心理暗示"作用，使我始终意识到自己练字并未练成。既然如此，就该好好练嘛，却又总觉得没工夫去练。只是偶尔"书兴"萌动，才提笔写写。

"书兴"二字，我最初是在解放前一张小报上看来的，说大书法家于右任某日忽然"书兴"大发，乃提笔写了六个字。他的女婿看了，觉得字写得真好，可是语句不雅；便把这六字裁开，重新排列为"小处不可随便"，裱成条幅。我看了这篇文章，觉得"书兴"是书法家才有的，与我无关。谁知后来的事实却说明，像我这样偶尔写写字的"学书未成"之辈，有时竟也会产生"书兴"。我因此想弄清楚"书兴"究竟是一种什么心理活动，然而并无结果。大约学过或具有某种技艺的人，多少总感受过创造的乐趣。于是在某种松弛的心境中，对乐趣的记忆会"复呈"于意识之中，从而"不觉技痒"，有兴一试。从人们所说的"技痒"一词来看，似乎它与人类"不可救药"的自我表现本性也有一定的关系，故而"技痒"了就产生相应的兴致。"书兴"只是多种多样的技艺表演的"兴致"之一，它既与人的表现本性有联系，就不受个体对自身理性评估的制约了。所以，我虽然自知"学书未成"，却仍偶有"书兴"。但是，任何技艺都必须在最没有兴致时还能坚持苦练，才可望练成；若只是"兴之所至"随便玩玩，那就永远不能学成，至多得点自我陶醉而已。不过话又要说回来，一个人到了老年，自知无论学什么也学不成了，只想从学习中得点乐趣乃至于陶醉，那当然未为不可。

由于"学书未成"一印长期给我"心理暗示",久而久之竟生出"魔障"来了。我有时因失眠而自思："学书未成是肯定的了。那么其他的事呢?有学成、干成的吗?"这么一想就糟了,因为由此势必感到自己这一生有种种遗憾与疑问,长期萦绕在心头。

大约在前年,有位老友要我写一张条幅,我用上了"学书未成"这一闲章。他看了说,写字到什么程度才算"成"了呢?我说这个问题很难回答;我只是对自己的字有明显的感觉,就是还"不成"。老友说:"中国士人历来总是在人前摆出'成了'的架势,自己心里却感到'还不成'。从古至今,也只有孔子述学才自称'七十而从心所欲不逾矩',意思是完全学成了。你常说盖叫天的短打武生艺术登峰造极,然而他却请黄宾虹写了个匾'学到老',而且真正实行了。可见他自己始终不认为艺术上已经'完成'了。学艺到一定程度,'成'与'不成'要相对一些看,不可绝对化。"

我觉得老友的话很有道理,但接下来我也提出一个问题。我说:"书法要完全学成似乎不可能,但可以做到'学而有成'。那么在你看来,写到什么样才算'有成'呢?"老友答道:"这个问题,现在倒不难回答。但凡有人愿意出钱来买你的字,这就算'有成'了。不过大名人要除外。因为有人出大钱买大名人的字，可能另有所图，与书法无关。但这也不能绝对化，因为大名人中也有写字的确值钱的。"我觉得老友提出的这个"有成"的标准倒也简单明了，而且也具有市场经济的特色，同时还证明了我确乎"学书未成"。

我对老友说，看来我的书法是"有成"不了啦。主要因为练得不够，只是兴致来了才写几笔，如何能"成"？老友却说，乘兴而作乃是极佳的状态。书法从根本上说乃是道家的艺术，原该任情率意，顺其自然。我说："你可还记得？咱们的老朋友侯公说过'书法是儒家的艺术'，他可是专门研究书法的。"老友说："这是侯公的独到之见，当然记得。但他说的是要靠书法立身扬名的人；你既不想靠书法立身扬名，正好沿着道家的路子走下去。"我不明白书法怎么既有"儒家的路子"又有"道家的路子"，本想追问其详，忽又想到，我现在写字除了走他所谓的"道家路子"，也实无他路可走，所以又何必深究呢？我现在用硬笔写字，手已经有些发抖；要不了多久，肯定写毛笔字也发抖。到那时我写字就只能"走佛家的路子"了，即"写就是不写，不写就是写"。

书法能不能速成

成年人写字，特别是硬笔书法，若想写得比较美观醒目，并不很难；所谓"字无百日功"，便是指此而言；但若想成为书法艺术家，有高质量的艺术创作，那就不容易了，不下十年、八年乃至毕生的功夫，就难以成功。

这件事可用建筑来做比喻说明。建筑的三要素是设计、施工和用料；三者的要求虽然都高，但毕竟是由三方面的人来分工合作的。书法艺术的"设计"、"施工"和"用料"却全由一个人来做，其难可知。

书法艺术的"设计"就是所谓"意在笔先"，即先不去说写，光是要求你在头脑中形成你所想要追求的书法风格与形象，究竟是什么样的？这风格与形象是不是真正具有美学价值，既富有新意又浑雅精深？要解决这个问题就极不容易，倘若没有长期的审美实践、写作实践和多种文化素养，就不可能真正养成较高的审美能力，也不可能想象出真正具有美学价值的书法风格与形象来。

书法艺术的"施工"是把你脑子里想要表现的书法风格与形象通过你的手笔变为实实在在的白纸黑字。这件事情之难，通过临帖便可以知道。临帖有现成的书法形象摆在那里，不需要另行"设计"，仅是人"施工"的问题；可是却往往临写千百遍还不能形神兼似。至于创作，虽然本文把"设计"与"施工"分作两段来说，实际上却是个互促互动、相辅相成的过程。就书法创作而言，其"设计"是绝不会像建筑图纸那样精细明确的，实际上只不过是包含某种韵味的模糊的"完形感"而已。要把这种"完形感"及其神韵情味落实到纸上，甚至"比原来想象的还好"，那是非经长期的写作实践不可的；功夫不到家必然"心手不相应"。因为心手相应是受人的神经生理功能制约的，无论多么聪明的人也拿自己的神经生理过程没办法。大脑指挥要达到高度"自动化"，除了通过苦练而进入"习惯成自然"的境界，别无他法。聪明只能使人少走弯路，却无法改变神经生理的活动规律。

以上两项已经够难了，然而更难的还在于书法艺术所用的"建筑材料"要高级，这就是指书法线条的质量。这一点，古今论书的人谈得最多，看看有好处，但并不解决实际问题。

胡小石先生把高质量的线条比为"钟表中常运之发条"，低质量的线条比为"汤锅中烂煮之面条"，这已经极尽语言描述之能事，可谓生动具体至极矣！然而你若想在欣赏中真能区分"发条"与"面条"，那还有待于多观看多比较；至于你想在创作中把富有内劲弹性的"发条"写出来，那就更要用多年的苦功。这中间如有内行指教，当然有助于掌握正确的练法，但掌握方法仍替代不了练；只有持久不懈地练，才能使"建筑材料"由残砖断瓦逐渐变为玻璃钢。

现在书法界出现了一些"速成书法家"，专家们谈起来都表示反感。但笔者则认为可以理解，原因在于笔者本人早在十二三岁便真心实意认为自己是书法家了。之所以会真心实意，完全因为出身于寒门素族，没条件从师学艺，又没有现在这样的培训班；因此笔者心中根本不知书法的美学性质为何物，更不知"设计"与"施工"的关系；至于线条质量，则认为白纸上写出黑条条仅有粗细浓淡之分而已。再加上亲戚朋友一致叫好，请问笔者又怎能不真心实意认为自己是书法家？这一真心实意终于使笔者一辈子没成为书法家。等到各种事情明白过来，早已年逾不惑，只能在书法界空谈理论了。当然，为了加深对理论的认识，也要写写字，那不过是怡情养性而已。

《老子》说："知者不言，言者不知。"这么说来，笔者空谈理论，恐怕又恰恰是无知的表现，所以读者诸君也不必认真看待。

原载《中国书法学报》1996年12月

杂谈书法艺术

甲：我曾听一个学生说，现在练字已经没什么用了。因为到了工作岗位上，写什么都用电脑，就连写信也是发电子邮件。因此练字只是书法家的事了。你说这话有没有道理？

乙：我看是有道理的。从前，书法的实用与艺术密不可分。写碑文、写书信便条、写文章草稿，都是实用的需要，但只要写得好，也就成了书法艺术作品，乃至成为"法书"。现在，书法的实用与艺术已逐渐分流，随着电脑的普及，这趋势还将进一步发展，终于使书法成为纯艺术的创作。

甲：假如真的分流了，书法艺术将失去群众基础，欣赏者大大减少，这种艺术就不会有多大的发展前途。

乙：这倒不一定。欣赏绘画的不一定作过画，欣赏音乐的未必弹过琴，以此类推，欣赏书法也不一定要练过字。即使不练字，书法欣赏仍有巨大优势，因为广大群众还要在电脑上使用文字，在各种媒体中看到文字，他们往往不由自主地要把这些文字与书法家所创造的汉字艺术形象做比较，于是备感书法艺术的奇妙与可喜。其实，书法之实用与艺术的分流，并非始于今日。从比例上看，从前凡是有点文化的人百分之百都程度不同地练过字，练字只为了在实用中写得好看些，不练则很难用毛笔写字；就大多数人而言，练字倒不是为了当书法家。到了现当代，在有文化的人中，为实用而自觉练字者比例日益缩小，不练也照样会使用硬笔。尤其现在，即使在大学生、硕士生、博士生中，为实用而练字的，大约一百个人中也很难找到一个。然而，为艺术而练字的人却越来越多，几岁的孩子就写得那么好，作品出现于书法大展，这是因为其父母决心要把他（她）培养成书法家。现在全国自认为是书法家、敢于给人写条幅挂在墙上，甚至敢于为人写招牌悬于闹市的人，大约总有千百万人。这么多人想成为或已成为书法艺术家，在过去任何时代都是不可想象的。既然有这么多人致力于书法艺术，这艺术怎么会没有发展前途呢？

甲：那么，为什么有这么多人想成为书法家呢？

乙：第一，书法艺术本身具有强大的吸引力。它不过是白纸上写黑字而已，然而却千变万化，姿致横生，韵味悠长，所以富有诱人的魅力。第二，练书法用具简单，容易入门，而真要练成了却很能"实现自身价值";练不成也有助于陶冶情性,延年益寿。第三,对书法艺术创作有巨大的社会需求,这一点最重要。因为以上两点在从前也存在,唯独这第三点乃是现在才有的。现在楼堂馆所大量兴建,居民住房迅速扩大,都大大促进了对书法作品的需求。过去室内装饰的第一选择是绘画,现在变成了书法。近年来我看电视剧,几乎从未在室内场景中看到一幅画,却又几乎在每个室内场景中都看到一幅字。例如长期播放的情景喜剧《闲人马大姐》,她家墙上就挂着一条横幅,上书"学海无涯"四个篆字,使人一看便以为这一家人是很有志于学习的。

甲:我有一个想法,不知你以为如何。电脑现已承担了很大一部分书法实用功能,会不会有朝一日把书法的艺术功能也替代了呢?

乙:你这么想总有一些原因吧?

甲:主要因为电脑已能印出多种字体的字(包括当代几位书法家的),其中尤以颜体楷书最为地道。我是学过颜字的,觉得电脑印出的颜字相当耐看,有的放大了制成招牌,其端庄沉厚竟不亚于名家所书的老招牌"招商局"三个颜字。你曾说过,写招牌要"远看很清楚,近看有味道",所以颜体书法适于写招牌。在近代书法家中,我认为颜书名家谭泽闿不如以学王（王羲之）为主的邓散木，但写招牌邓却不如谭有气魄。而现在的电脑颜字竟似可取谭而代之。现在学颜字的人本来已不多，再被电脑颜字一挤对，恐怕更要乏人问津了。以此类推，倘若有朝一日电脑能印出张旭、怀素的草书来，经放大组合而制成室内装饰，那现在这么多写草书的人还有"生路"吗？还有一件事也发人深思：有位书法大师近年因为眼疾而不能作书，偶尔情不可却写一些字，也确乎和过去不一样。但不久以前他为某个书展写了横幅会标，竟大致和他在20世纪90年代写的字差不多。我很高兴，以为他老人家视力恢复了，后来才听说这会标上的字是经过电脑处理的。这虽是道听途说，但并非不可能。倘若竟是事实，则电脑岂不是能替代任何书法家来进行制作吗？

乙：电脑功能究竟将发展到何种境界，现在的确很难预料。照你所说的思路来看，电脑在艺术创作领域中所能替代的恐怕不仅仅是书法而已。不过，在可以预见的未来，电脑大概还不能替代书法艺术的创作。因为电脑模拟的各体书法，不论特征表现得多么准确，它总是模式化的，不仅线条不能如书法家手写的灵动而鲜活，更不能表现书法家在每个特定的创作情境中所流动着的意绪与情感。更何况书法在发展为纯艺术创作之后，还将出现一些新的特点，例如每一幅都有特定的艺术构思，这就更是电脑难以办到的。

甲：你说书法成为纯艺术之后，每一幅都有特定的艺术构思，这是什么意思？

乙：在书法的实用与艺术密不可分的时候，其创作过程中当然也有艺术构思。这主要是指在长期的写作实践中，通过渐进地学习、琢磨和积累，逐步形成表现艺术个性的有个人特色的书体与书风。这种追求是与各人的个性分不开的（包括文化素养、个人的心理特征、不同的审美情趣等等），而长期的追求就包含着长期的、渐进积累的构思。但在个性化的字体与书风形成之后，它却有极大的稳定性，虽然并非绝对不变，却不可能想变就变。因此，在书法家的字体与书风都已定型之后，再从事写作实践，就不可能像绘画那样，每一幅都致力于独特的艺术构思，幅幅都不一样。尤其是纯为实用而写的书帖文稿之类，更是信手而写，谈不上什么构思。总而言之，从前的书法艺术，其构思是渐进积累的，主要体现在持久的艺术追求和个性化的字体书风的形成过程之中。至于定型后的写作，则只在"谋篇布局"上稍加考虑而已。

甲：我认为，与创作实践紧密结合的、渐进积累式的构思，是任何艺术家都要经历的，否则就不会形成有鲜明个人特色的艺术风格。

乙：这话不错，但只适用于艺术风格的形成。在个人风格形成之后，再进行每一件具体作品的创作（如画家画一幅画，音乐家作一支曲，演员塑造一个角色），都还要精心去做特定的构思，而书法家（指从前的）在这方面就不花大力气了。

甲：那么在书法的实用与艺术出现分化，即书法成为纯艺术之后，在构思方面又会有什么变化呢？

乙：那就在每一次创作中都要为构思而更多费心了，其情形可能会类似于篆刻艺术。篆刻所刻的也是汉字（篆书），却是每一方印章都要为"分朱布白"而苦心经营，也就是构思。书法成为纯艺术之后，必有不少书法家将像篆刻家对待每一方印章那样来对待每一幅作品的书写。首先将在布局上有所突破。历来认为书法艺术的四大要素是笔法、墨法、结体、布局，实际上布局在千百年来是很少变化的，无非是从右到左直行书写，若干行构成一幅；横幅标牌则是写三四个一样大的字，从右到左排列而成。这种布局千百年不变。其中直行型布局有创新变化的，就我的观赏记忆而言，当以唐代怀素《自叙帖》（草书）为滥觞，人皆言其惊世骇俗，实际上也只是字迹大小穿插交织，直行排列并未突破。至于横幅标牌的布局，则稳固性更大；以我的见闻而言，似乎直到毛泽东同志的标牌书法中才有突破性的创新，如"人民日报"四字，不仅字的大小对比明显，而且字与字之间呼应紧密；其他如"北京日报""人民画报""解放军画报"等等也均如此，其中尤以"人民画报"四字最为精彩。从前对书法四要素的排列是笔法、墨法、结体、布局；今后通过构思加大新变的力度，其次序就要倒转了，首先突破的将是布局，其次是结体，再其次是墨法；而最为稳定、很难因构思而改变的，将是笔法。

甲：现在实用书法用毛笔书写者还不乏其人，但写了之后能成"法书"的，确已不再听说了。就艺术书法而言，我看日本现代派书法在布局上的突破往往使人感到惊异。中国对外开放后，书法界颇受日本现代派书法的影响，而多数书法探索者在构思上苦心经营的主要是结体的新变；同时，墨法的变化也已渐露端倪。所以，你所预言的变化次序看来不为无据。

乙：纯艺术书法通过创造性的构思在布局、结体、墨法上花样翻新，将使中国书法艺术又一次焕发奇姿异彩，开创一个新局面。但是，这种书法并不会替代传统书法。因为后者在美学上很精深。现代派书法的种种探索虽然增强了视觉刺激乃至艺术的"穿透力"，但对富有欣赏经验的人来说，仍觉不如优秀的传统书法格调高雅，韵味隽永。

甲：你的意思是不是说，现代派书法毕竟不如传统书法？

乙：我在这个问题上的态度一直是明确的。第一，我曾预测现代派书法中对"画字"的探索因违背汉字的实际构成与书法艺术的创作规律而此路不通。第二，现代派书法中有写得好的，也有写得不好的，好就是好，不好就是不好，具体作品具体分析，不一概而论。第三，在书法的新变方面尽可以大胆探索，但不能忽视基本功，基本功是艺术创作真伪、优劣、高低、雅俗的决定因素之一。第四，随着书法向纯艺术的方向发展，现代派书法将会日益发展，有广阔的前途。

甲：我对现代派书法中以伪充真、以丑为美的作品很反感。除此之外，现代派书法（也许还包括一些你认为"好"的作品）普遍存在很大的"火气"，似乎刻意要使观众感到惊奇，这其实也是媚俗谄世的表现。

乙：在中国传统的艺术评论中，一般欣赏者经常提到"火气"一词，这是与中国传统文化历来强调含蓄、醇厚分不开的。什么是"火气"？我的理解是锐意创新但功夫尚未到精深境界的表现。功夫未到要继续练，以求"炉火纯青"，但锐意创新则应受到鼓励。创新而有"火气"，只有继续不断地勇于实践才能消除"火气"，臻于精深，而不能指望消除了"火气"再去创作，那就永远达不到精深之境了。中国的现代派书法总共只有二十年历史，它的"火候"如何能与有两千年历史的传统书法相比？但反过来说，短短二十年工夫，却已产生了不少的确使人耳目一新的真正的艺术作品，这很不容易，也很喜人。我现在参观书法展览（个人书展除外），假如一屋子全是传统书法，就觉得未免单调；反之，一屋子全是现代派书法，又觉得心烦意乱。最好是两者兼备，相映成趣，相得益彰，使欣赏者观感灵动，心情活跃。说了半天，我最喜欢的状态仍然是"和而不同"。

原载《书法艺术论集》（金开诚著，北京大学出版社2008年版）

传统文化六讲

第四讲　文艺心理学

谈谈"感知觉记忆"

　　不论在什么时代，记忆总是很受人们重视的。所以，记忆力强就被视为聪明，记忆力差则被视为愚笨；如果记忆丧失，那更是一种可怕的病症。

　　不过，人们出于自发而重视记忆，往往带有片面性，即只重视以语言文字为载体的知识、经验和理论，认为记得越多便越有学问。所以，读书"过目不忘"被视为"天才"；考试能根据对书本的记忆来回答问题并得到高分，这便是好学生。

　　这些观念对不对？对的。记住以语言文字为载体的种种"学问"，的确很重要，能使人有知识，懂道理，长才干。但是，除了这种记忆之外，还有对感觉、知觉的记忆（以下简称"感知觉记忆"）也是很重要的；能够使人提高生活能力，养成专业技艺，发展创造才能。

　　以上两种记忆，在人们的生活实践、工作实践、创造实践中，实际是紧相配合着发挥作用的。然而，人们在自发状态中，往往对后一种记忆，即"感知觉记忆"，不够重视，认为记住这些东西不算什么"学问"。假如人们对记忆的看法由自发变为自觉，对两种记忆都很重视，那是大有好处的。

所谓"感知觉记忆"，实际上也就是心理学上所说的"记忆表象"，简称"表象"。那么，本文为什么不直接说"表象"，而要说"感知觉记忆"呢？因为"表象"这个词，在日常的语言使用中，常被人用来指"事物的表面现象"，其心理学上的意义倒不大为人所知。再则，"表象"一词在人们的观感中，侧重于指视觉的感受，不大能代表其他感觉的感受。所以本文不提"表象"一词，以免引起误解。

人们对"感知觉记忆"普遍不够重视，但对各种"感知觉记忆"的看法毕竟还有些差异。比较地说，对视觉记忆、听觉记忆还算有点重视；对动觉记忆、触觉记忆、味觉记忆，嗅觉记忆的重视程度，就更不够了，认为这些东西与"学问"根本没有关系。

人们对视觉与听觉的记忆还有点重视，这是有原因的。因为，倘若全无视觉记忆，连父母妻儿的长相都不记得，那就会把这些亲人视为陌路人了；倘若全无听觉记忆，那就连自己姓甚名谁都不记得，别人呼唤你，你却不知道他在叫什么；而且还根本学不会说话。还有，倘若没有视觉记忆与听觉记忆的联合运用，那就不可能学会认字读书。情况如此严重，所以人们对视觉记忆与听觉记忆的作用比较能够理解；至少在经人点明之后，能立即理解。

人们对视觉、听觉以外的其他"感知觉记忆"，究竟有什么作用，可能从未想过，因此更谈不到重视；虽然在生活与工作中时刻都离不开各种"感知觉记忆"的运用，但一般都认为那是自然而然的，并不意识到那是记住了各种感觉、知觉的结果。例如中国人拿筷子吃饭，有谁会去想能使用筷子是因为记住了正确使用筷子的动觉的结果？不过，这个例子太简单了，下面再说一个复杂些的例子。

篮球运动员必须投篮准确，才能得分。为了练出投篮准确的本领，就要切实记住投篮过程中的动觉。投中了有投中了的动觉，投不中有投不中的动觉；不断强化这些动觉记忆，在其后的投篮动作中，尽力按照投中了的动觉记忆去做，尽量避免再出现投不中的动觉，这样就能在无数次的投篮练习中不断提高命中率。

有人学投篮，可能先听教练员讲过"要领"；这"要领"便是借助语言载体来表述的知识或经验总结，初学者当然必须注意听取并努力照办。但你即使把"要领"记得滚瓜烂熟，你仍不会有较高的命中率。只有在无数次的投篮实践中不断积累投篮的动觉记忆，并通过投中与投不中两种动觉记忆的比较而不断克服误差，才能逐渐提高投篮的技术。

对一个熟练的篮球运动员来说，最初学习的"要领"知识，在后来的实际比赛中，事实上是不大可能再想起来的；倒是投篮的动觉，却在每次投篮动作中都能切实感知。熟练的篮球运动员在投篮时，只要球一出手，还未碰篮圈，便大体上已能根据动觉的记忆判断此球能否投中。由此可见，从投篮实践中积累的动觉记忆，以及这种记忆的正确运用，对提高投篮技术是起决定作用的。

以上通过投篮论述动觉记忆的重要作用，可以向三个方面做出类推：（1）各种球类运动以及田径、体操、举重、游泳、滑冰、赛车等各种运动技术的训练与提高，都离不开动觉的记忆及运用；（2）工、农、兵、学、商各行各业，凡涉及肢体动作的操作技术的养成与提高，都离不开动觉的记忆及运用；（3）各种艺术如舞蹈、戏曲、绘画、书法、雕塑、器乐等，其技艺的养成与提高都离不开动觉的记忆及运用。

动觉的记忆是如此重要和有用，所以，假如人们能从道理上加以认识，从而有意识地强化这种记忆，变自发的记忆为自觉的记忆，那显然有利于专门技能的养成，有利于工作与创造。

下面还须进一步指出，学会一种技能或艺术还不能只靠一种"感知觉记忆"，而要靠两种或更多的"感知觉记忆"的联合运用。

以学习书法艺术为例，运笔落墨都有动作，动作的准确性来自动觉记忆的积累。这道理和上述投篮一例是完全一致的。

但学习书法首先还要把字认准，不能写错；而认字就要靠视觉的记忆。

其次，书法有篆、隶、正、行、草各种字体，你想把握这些字体，就又要靠视觉的记忆；即通过视觉看清各种字体怎样写，把它记住，才能照样写出来。

再其次，学习书法要从临摹名家法帖入手，而名家又各有书体。例如同样是正书，王（羲之）、虞（世南）、褚（遂良）、欧（阳询）、颜（真卿）、柳（公权）便各有各的形态与风格；你想学哪个大家的字，就要借助视觉来认准其形象特征，把它牢牢记住；你如果想多学几家，那就更要发挥视觉记忆的作用。从古到今，从来没有一个人完全不学前人的法书，只靠自己盲目书写，就能写出一种具有美学价值的书法来。书法家都从学习前人法书入手，还有人一辈子都在学，而这种学习就始终离不开视觉的记忆。熟练的书法家离开了法帖，仍能把字写得和帖上很相似，说明其视觉记忆是何等的牢固与精确。

再其次，多数书法家在学了多种法书之后，还能通过组合、融化而创造出自己特有的书法风格与形象。而所谓的组合、融化，也主要是在丰富的视觉记忆中进行的；离开了大量积累的视觉记忆，其熔铸、冶炼就根本没有原料了。还有的书法家在独创一体的过程中，除吸收前人的书法形象外，还巧妙地融入了自然界和社会生活中的事物形象；而这首先也要靠视觉记忆把有关的形象摄入脑中，然后才谈得到化入书法。

综上所述，写字要靠动觉记忆与视觉记忆的联合运用，二者紧密配合，相促相生，相辅相成。

讲了书法就不难理解绘画。绘画也靠视觉记忆与动觉记忆的联合运用。无论是广泛学习前人名画，或是师法自然，"搜尽奇峰打草稿"，都要靠视觉记忆及其运动变化来确定"画什么"；又要靠由动觉记忆积累而成的纯熟技巧来实现"怎么画"。

以此类推，一切艺术的学习都有一个从模拟到创新的过程，所以也都离不开两种"感知觉记忆"的联合运用。但如果要做到绘画中似有音乐在流动，器乐演奏中似有优美风物的渗透，那就更要靠动、视、听三种"感知觉记忆"的联合运用了。

有人认为美食家、厨师、饮食文化研究者需要味、嗅、视、听四觉联用，因为名菜要讲究色、香、味、形、声。不过，菜肴带"声"的究属极少数；主要是讲究色、香、味、形，所以需要味觉、嗅觉、视觉的联用。当然其中最主要的是味觉。有人也许认为，善于品味是因为天生的味觉敏锐；这当然也是一个因素。但光是味觉敏锐只能成为一个贪吃的人；必须还有较强的味觉记忆，并善于联系这种记忆对菜肴之味进行比较性品尝（同时配合色、香、形的评估），才能成为美食家、名厨和饮食文化专家。另外，茶和酒的评估也要三觉联用（嗅觉、味觉、视觉），当然以积累嗅觉、味觉的记忆为主。还有，现在化妆品特别繁多，所以对香型的分析与评估也需要更多的专业人员，这类人员除了嗅觉敏锐，也要依靠嗅觉记忆的积累。至于触觉在职业中的运用，则最为多见的要数中医按脉。中医辨症强调"望、闻、问、切"，其中"切"（按脉）是最重要的；三个指头往病人腕脉上一搭，便知这人的体质与病症。如此灵敏的触觉，当然也是与大量积累的触觉记忆分不开的。

一个社会的经济和文化建设，需要各种各样的人才，既要博闻强记的专家学者，也要有心灵手巧的能工巧匠。在物质文明和精神文明的建设中，大多数创造活动都离不开实际操作，而强调"感知觉记忆"的作用，正是为了促进实际操作的技能。当然，从事实际操作的人，也需要学习，提高文化和理论水平，提高基本的人文素质。但由于如何提高操作技能的问题较少为人注意，在社会的学习导向和职业趋向中也存在"重知轻技"的倾向，所以我们着重谈了"感知觉记忆"的作用。中华民族有许许多多传统绝艺，现在已有大量失传；失传的不可复生，但在社会主义市场经济条件下，人们有理由期望出现种种新的绝艺。俗话说："良田千顷，不如薄技在身。"人们只要有一手真正的"绝活"，就不但能为社会做出贡献，还会有一种职业自豪感，其中就包含着实现了自身价值的良好感觉。

感知觉与艺术欣赏

我在年轻时学了点哲学，竟而对感觉知觉"敬意"大减；认为这种认识只反映事物的现象、事物的片面和事物之间的外部联系，没什么了不起。但后来随着阅历的增长，特别是艺术欣赏经验的积累，我才逐渐意识到感觉知觉其实也是很不简单的。

有一次我因为感冒发热，就给自己把脉。先母见了笑对我说："你虽看了几本医书，懂一点中医理论，但并不能看病。因为临诊必须望、闻、问、切，就拿切脉来说，脉象的弦、沉、缓、速、滑、浮、宏、细都指什么？即使我给你讲了，但你如果缺乏切脉的实际经验，又不善于仔细比较这些经验，你就还是无法判断病人究竟是什么脉象。必须多有切脉的实践与比较，你的感知才会灵敏准确。所以感性认识的作用有时是不可替代的。"先母这番话对我很有启发，切脉用的是触觉，举一反三而言，视觉、听觉、味觉、嗅觉的感知在很多情况下显然也是不可替代的，而且也是随着反复感知而日渐灵敏准确的。

后来我看到南齐谢赫的《古画品录·序》，说"画有六法"，首列"气韵生动"。我想，"气韵"这个词应该说是一个"概念"了，从哲学的认识论来说，概念所反映的已经不是事物的现象或各个片面，而是对事物的本质与全体的反映了。但概念作为理性认识的表现必须有明确的定义；而就我的见闻来说，从古至今似乎并无人给"气韵"下过定义。于是，绘画中的"气韵"便处于如下情况：一是可以意会，不可言传，而且各人的"意会"可能不尽相同；二是知其然而不知其所以然；三是创作中想要有"气韵"、欣赏中想要感知"气韵"，都必须通过大量的创作或欣赏的实践，只靠理论的传授并不能解决问题。

从前，剧评家论述京剧唱腔总离不开"韵味"这个"概念"；然而我听京戏而能感知"韵味"却经历了几年时间。最初是根本感受不到什么"韵味"。往后听得多了就能听出老生、花脸唱腔的韵味；再往后才能听出青衣、小生唱腔的韵味。我对"韵味"用了这么大的力气去感知和思索，然而直到现在我仍然说不明白"韵味"究竟是什么；更无法按照逻辑学的要求，通过揭示概念的"种"与"属差"来下一个定义，至多只在一篇文章中做过一些并不精确的描述而已。

比"韵味"还要难以界说的是"味道"一词。最初听人评论书法，说"这字写得有味道"；后来在小说与电视剧中竟看到用"味道"来评论女人。不久前还听到有人称赞"错层式"的住房，说"这房子比较有味道"。"味道"的这些用法，显然与属于理性认识的概念无涉；因为它只是一种比喻，即用味觉的感受来形容其他性质的感知。但即使是比喻，照理也是可以说明白它究竟指什么感受而言；然而事实上未见有人能说得明白。虽然说不明白，用途倒还甚广，故而废它不得。

我读王国维的名著《人间词话》，深感他在诗的艺术中"拈出境界二字"颇为高明。但全书始终未对境界（或称意境）做出理性的解释；只是罗列大量诗词，指出何者有境界，何者无境界。因此，王国维对境界（意境）的认识基本上仍处于感性阶段。但《人间词话》一书对读者的启示和诱导倒是不小；大约看过了这本书，总能对诗词中的"意境"有所感知并加深美的享受。

我们今天来看文艺创作的意境，可以认为它与"意象"所指大致相同。而从心理学的角度来看，所谓"意象"的实际心理内容也就是"想象表象"；亦即作者对储存在大脑中的记忆表象（对事物的形象记忆）做了分解与化合、加工与改造，从而在大脑中形成某种新的形象。由于此类加工制作必伴之以复杂的主观心理活动，故而最终形成的新形象总含有某种意蕴和情感色彩，并体现着作者的艺术个性。再从意象、意境的"本土"渊源来看，三国魏王弼《周易略例·明象》说："夫象者，出意者也。……故可寻象以观意。"又南朝梁刘勰《文心雕龙·神思》说："独照之匠，窥意象而运斤。"（意谓有独到眼光的作者，是根据自己头脑中的意象来创作的。）这都与现在的意象说基本一致。但王国维所说的"境界（意境）"还有其佛学的根源。如三国时翻译的《无量寿经》卷上说："比丘白佛，斯义弘深，非我境界。"又南北朝时翻译的《入楞伽经》卷九说："我弃内证智，妄觉非境界。"这说明佛家所谓的"境界"指的是禅义所达到的深度；而且这种深度要靠自己的内心悟出来。王国维于诗学中借鉴佛学，其所谓"境界"也指形象思维的深度而言；有境界即意味着形象思维达到了较深的层次。所以他在《人间词话》中曾自豪地声称："沧浪（严羽）所谓兴趣，阮亭（王士禛）所谓神韵，犹不过道其面目；不若鄙人拈出境界二字为探其本也。"就作诗而言，形象思维的深度的确是更为根本的。

　　近来常有人问我对"丑书"和种种"行为艺术"的看法。我对"丑书"所见甚少，"行为艺术"更未看过。但因为在长期观赏中对感觉知觉"敬意"渐增，所以无论看什么都不在意它打出什么"招牌"，而是更在乎自己的感受，诸如这东西好看吗？能使我产生审美的振奋或愉悦吗？能使我对作者的创造能力产生敬佩之情吗？等等。我一向自认这是欣赏中的"跟着感觉走"，水平不高。但是一位古玩玉器的鉴赏家曾对我说："鉴别真伪等次靠什么？第一就靠感觉；感觉积累多了，到眼便分真假，便定等级。其他的知识理论当然也需要，也有用，但其作用是第二位的。"我不知此话能否在一定程度上移用于艺术鉴赏。不过，市场经济使我在艺术市场中进入了"上帝"的行列，"上帝""跟着感觉"掏腰包，这岂不潇洒。

谈谈艺术默契

审美教育的最普遍形式是艺术欣赏，艺术欣赏离不开创作与欣赏之间的艺术默契。

任何文艺创作都将客观世界中的种种事物形象统一表现于某种特定的艺术形式。例如音乐就将本应由听觉、视觉以至嗅觉、味觉、触觉所感知的事物统一表现于由音响、节奏、旋律组合而成的特定形式，成为专由听觉所感知的艺术形象。绘画则将万事万物统一表现为由线条和色彩组合而成的特定形式，成为专由视觉感知的形象。戏剧艺术也很有特殊性，明明是发生在屋子里的事，它却可以去掉一堵墙，使观众能够看到戏。在中国传统戏曲中，情况更为特别，舞台里边挂一堂饰有图案的大幕（或称"守旧"）可以代表一切布景；开门关门只要用手比划比划；演员在台上走一圈就算走街串巷或翻山越岭；几个"龙套"可以代表千军万马；诸如此类的演法就都不能较真。再说电影，看来是逼真再现了实际生活的场景，但它借助多变的角度与镜头，运用各式各样的时空切割与音画联系，却可以把生活内容表现得变化多端、灵活自如。就是作为语言艺术的小说，作者的一支笔也顾不上"说两头话"，只得"花开两朵，各表一枝"；现代小说更有意增加空间穿插，时间倒置；还有人物之间的私谈秘事，作者竟也知之甚详，写来煞有介事，仿佛耳闻目睹一般。凡此种种情况，都说明任何文艺创作相对于它所反映的现实生活来说，都已有了或多或少、这样那样的艺术变形与虚拟。这种变形与虚拟出于创作者之手，而为审美者所认同，这就是二者之间在艺术表现上的默契。有了这种默契，才谈得上内容的认知、情感的交流以及艺术价值之被肯定。

默契的建立并不直接取决于外在力量的干预，也不直接由社会法规来决定，它乃是包括创作和欣赏两个方面的艺术大系统在运动中做了内部的碰撞和调整而出现的结果；也就是说，它是在创作与欣赏相互依存、相互作用的过程中自然形成的。所以虽有变形与虚拟，创作和欣赏双方都感到理当如此，不言而喻，彼此心照不宣，这才叫作默契。

默契建立以后，就有稳定性，无论创作者或审美者都不能单方面违背它、破坏它；倘有违背、破坏，文学艺术就不能起到应有的作用。但是，正像世界上一切事物一样，稳定总是相对的，相对的稳定事实上也处在变化发展之中；这种变化发展又是创作与欣赏双方相互作用、彼此促进的结果。

默契之所以会有稳定性与变动性，当然与社会历史的发展情况有关；但就艺术本身来看，即从创作与欣赏双方的心理来看，乃是因为心理上的谅解、定势、求新、求美等诸种因素交互作用的结果。例如京戏舞台上不可能出现真船真马，所以表演乘船、骑马都用象征方法，观众对此完全谅解。电影最初是无声的，无声虽不够理想，但因为大家心里明白在当时的技术条件下做不到有声，所以便由谅解而对无声的表现形式达成了默契。这种默契还相当稳定，所以当1923年有声电影刚出现时，并未引起观众的太多注意，这就是审美中的心理定势继续在起作用。但有声电影毕竟比无声电影更有表现力和创造性，所以由于创作者与欣赏者共有的求新求美心理而终于形成新的默契。再从黑白电影与彩色电影的关系看，观众最初接受黑白片也是出于谅解，而终于爱看彩色片则是因为它更符合新与美的要求。此外在电影中还有声音与画面的完全一致演变为声画之间的复杂关系，以及各种蒙太奇的巧妙运用，也都是因为求新求美而使原有的默契不断有所更新。又如有的画家把绘画搞得像摄影那样逼真，有的摄影家却又力求使摄影给人以绘画之感，而审美者对这类作品并不产生这样的疑问，即前者为何不干脆去拍照，后者为何不干脆去画画？审美者承认这些作品确有求新求美的效果，这事实上就取决于建立在谅解与定势之上的默契。因为审美者在欣赏一幅画时，能够充分意识到这是"画"，心中既有对绘画所固有的局限的谅解，又有欣赏一般绘画的定势，因此当他看到这画竟能像摄影那样逼真就感到惊奇并表示赞赏。反之，审美者在欣赏一张相片时，则充分意识到这是"摄影"，心中既有对摄影所固有的局限的谅解，又有欣赏一般摄影艺术的定势，因此当他看到这相片竟能给人以绘画之感，也就表示惊奇与赞赏。由此可见，默契不仅是理解各种艺术的特定表现方式的前提；而且在艺术的创造才能和美的认同上，它也要起一定的作用。

默契有稳定性，同时又在创作与欣赏双方对于新和美的持续要求中逐渐发生变化，甚至积小变而成大变。但无论是小变或大变，都必须在创作与欣赏的交互作用中较为自然地完成，这是艺术发展的一个客观规律。但客观规律虽是如此，却也常常有人在主观上违反这个规律。这种人在文学艺术的创作者中较为多见。因为在创作与欣赏相互依存、彼此促进的关系中，一般说来总是创作一方起主导的作用。创作活动既体现了作者的创造要求，也反映了欣赏者求新求美的心理；所以创作虽然受到艺术默契的制约，但事实上也以其不断的创新引导着欣赏活动，把欣赏者的模糊要求变为对新颖艺术创造的切实感受和理解，并且形成欣赏习惯，导致新的默契的建立。但正因为创作方面一般说来要起主导作用，所以违反默契的运动规律的事情也往往出现在创作者身上。这主要有三种具体表现：一是创作者不顾艺术创作的规律和欣赏者的正常审美心理，把任性行事或哗众取宠冒充为"创新"；二是和第一种表现正好相反，创作者因循守旧，完全无视欣赏者对艺术创新的持续要求；三是创作者的自发主观主义倾向。例如拍一部电影，从剧本开始到摄制完成，创作人员不知折腾了多少次，早已熟悉之至，当然不存在看不明、听不清、弄不懂的问题；而多数观众则本来对电影内容一无所知，又仅仅是看一遍，他们的感受和理解无论如何不能像创作人员那样明确和深入。但处在自发状态的创作者却不易意识到这一点，很可能因为自己已经看熟了，就完全忽略广大观众在视听与理解上的种种难处。这种自发的主观主义倾向并不仅仅存在于电影创作，在其他文学艺术创作中也是不乏其例的。

违反默契规律的事情虽然多数出在创作者身上，但审美者也并非"天然有理"；特别是从审美教育的角度来看，对审美者就更不能无所要求。例如艺术欣赏的态度不认真，欣赏中不能集中注意；欣赏能力不高，却又不在欣赏中注意学习；不能正确协调求新与求美的心理，一味追求新奇刺激；心理定势趋于封闭和保守，看不惯任何探索与创新；缺乏知识经验，不能理解作品的内涵；过于主观任性或只求标奇立异，导致对作品的曲解；等等。这些问题都不仅仅涉及艺术默契，但若专从默契这一点来说，那么上述种种表现显然既不尊重默契的稳定性，更不利于默契的正常变动与发展。

另外还有些情况比较复杂，不易区分是非。例如有的创作者尝试用交响乐队伴奏京剧演唱，在观众中引起了截然不同的反应，有人欣赏，有人不欣赏。这一现象不论是从艺术评论的角度或从一般欣赏的角度来看，都很难说谁是谁非。进行这种创作尝试和出现不同的反馈都是有复杂原因的，现在仅从默契的发展这一点来看，则是一个旧的默契已经出现了"代沟"性的中断而京剧又必须保存并发展的问题。本来，对原有的广大观众来说，京剧用简单的民族乐器伴奏是早有默契的，这种默契不仅仅是出于谅解与定势，而且老观众们还感到伴奏是始终有发展创新、符合求新求美的审美愿望的（如原先只用京胡，后来又加上二胡、月琴等，名琴师们还不断设计"花过门"、"花点子"以及改进托腔技巧等等），所以老观众认为默契既是稳定的，又是健康发展的。但是现在从全社会的幅度来看，能与传统的京剧表演艺术保持深刻默契的人的确是越来越少了。仅就新观众对京剧演唱的听觉感受来说，由于听的能力缺少训练而未能进入唱腔与伴奏的精细之处并为其深深吸引，因此收听的"距离"似乎越来越远，感受的"线条"也变得越来越粗，整个欣赏既处于极为粗略的宏放状态，也就不能不感到京剧的唱腔与伴奏是过于单调和简朴的。这就好比观赏微雕艺术，本来应该把米粒大的作品放到放大镜下来看，而现在却只给以远远一望，于是就感到它无非太仓陈粟之一粒，不见有什么佳妙之处。但是，京剧事实上是很有美学价值的，它的确蕴藏着民族传统艺术的大量精华。因此许多创作人员和热心之士深感对它的继承和发扬负有历史的责任，为此而进行种种探索以求改革和振兴；用交响乐队来伴奏京剧清唱就是这类探索的一种。尽管迄今它既未与老观众建立默契，也未与新观众建立默契，但探索的努力仍然是可以肯定的。

艺术默契对审美教育至关重要，可以说如果没有默契，根本就无法进行美育；为此，审美者必须以正确而积极的态度对待默契，具体地说就是要建立默契、深化默契、发展默契。

对于审美者来说，默契本是在艺术欣赏中自然形成的，看起来不存在"建立"的问题。但事实上多种较为高深的艺术都需要有建立默契的自觉性，《阳春白雪》为什么曲高和寡？就因为广大听众并未与它建立默契的缘故。现在有人学听交响音乐，甚至还请人讲解，这从一个方面来说，就是为了建立默契。普鲁斯特的小说，专家一致叫好（当然其中也有人并不真懂，只为附庸风雅而叫好），而一般读者实际是无法卒读的。比较客观地看，普鲁斯特在心理描写方面虽有严重的自然主义倾向，但的确也有深入、细致、准确的特点；作为文学创作中的一个品种，读者做些努力与之建立默契也还是值得的。由此可见，为了提高欣赏能力，开拓美育的范围，事实上是常常需要自觉地建立默契的。

说到默契的深化，则更适用于一切艺术和一切审美者。例如中国的篆刻艺术之美是人人都能够欣赏的，但真正懂得这一艺术的专家公认汉印是篆刻的典范，这一点就不是人人都能感受和理解的。中国书法艺术之美也是人所共知的，但对书法艺术中的稚拙一派（指真有深度的稚拙美）却不是人人都能欣赏。书法历史上人们公认王羲之的《兰亭序》为"天下第一行书"，但专家们认为《兰亭序》之美"巧处可及，拙处不可及"，这也就有许多人不理解。事实上许多艺术的精深之处如果没有精深的默契都是不易理解的。任何艺术创作反映客观世界都是"作者观以心，读者会其意"，双方心心相印才成为深刻的审美，而心心相印正是默契深化的表现。说到底，艺术默契的深化与审美能力的提高在某种意义上说其实是一回事（只是着眼的角度不同）；既然艺术欣赏能力的提高是无止境的，那么艺术默契的深化就也是无止境的。

至于默契的发展，则主要是指专业工作者和专家而言。有的人正因为"专"，所以心理定势特别强烈，表现为很深的专业偏见和心胸狭窄。这种人在默契问题上的局限主要在于反对本专业中的创新和对别的专业艺术的贬抑。因此他们虽然自己感觉很懂默契，实际上却是很需要发展默契的。例如通俗歌曲流行以后，许多所谓的"严肃"音乐家都曾加以蔑视。但不加区别地蔑视通俗歌曲实际上却是偏执之见。直到北京亚运会召开，《亚洲雄风》一曲响遍全国，有的专家才可能想想，这一类歌曲倘若不用通俗唱法，而是谱成"美声"唱法，甚至搞成一支花腔女高音的曲子，那会是什么后果？且不说无法发动亿万人来唱，而且会变得非常可笑，极不得体。由此可见艺术创作应该各极其致，各尽其用。已故的民间文学研究者屈育德同志对民间的文学和艺术有敏锐的感受力和深刻的理解力，她在教学中曾针对大学生看不起中国民间文学的现象明确指出：民间的文学艺术精品是和文学艺术史上那些伟大而不朽的作品一样伟大而不朽的！她还提出过一个发人深思的论断，即"文艺作品有优劣，文艺品种无高下"。联系到审美领域中的种种偏见来看，她的这一论断确实是很有意义的。所以，就一般的审美者而言，为了发展艺术默契，扩展审美教育的广度与深度，一定不可以人云亦云，迷信专家权威；更不可以附庸风雅，不懂装懂。只有活到老学到老，日新又新，"得寸进尺"，才能在宽广无边的审美领域中不断受到教益。

通感与艺术欣赏答问

一

"请尽可能具体讲一讲，通感究竟是什么东西。"

要说得很具体恐怕不可能。因为通感作为一种感觉经验，它与言语的关系涉及两个信号系统；言语可以描述这种感觉经验，然而无论描述得多么准确和充分，也无法把一个人的感觉经验原封不动、毫不走样地移植到另一个人心中去。但是，我们都相信唯物主义的反映论，都认为通感是通过实践在反映客观事物的过程中所产生的一种积极的心理活动；认识论的根本法则决定了通感不是一些人的独得之秘，而是所有的正常人都会有的感觉经验；只不过有人发挥主观能动作用大一点，自觉性高一点，他的感受也就深一点；有的人发挥主观能动作用小一点，也不大自觉，所以感受较浅，甚至未加注意。情况既是如此，因此通过言语的描述，也能够在他人心中唤起性质相同（甚至内容近似）的感觉经验的记忆，从而心里明白通感究竟是什么东西。

现在我想从一些实例说起。小时候有个老师教我唱京戏，他总是强调一句话，叫作"行腔如线"，意思是一句唱腔就像一条运动着的曲线，忽而向上，忽而向下；有时平直，有时曲折；拐弯之处有时像弧线，圆滑柔和；有时却是急转弯，斩截干脆。唱腔中有顿挫间歇，偷气换气，就像曲线似断还连。……他老是这么讲，还随着唱腔用手指比划出唱腔"线条"的运动来，终于我也逐渐产生了"行腔如线"的感觉。有了这种感觉之后，学起来好像是快一些，记得也牢一点。不仅如此，我后来凡是欣赏听觉的艺术，那优美的旋律就总能唤起类似的感觉，仿佛感到不断变化的声音正在形成一道复杂多变的曲线。

然而，线条是要靠视觉来感知的。欣赏听觉的艺术而竟产生线动之感，这岂不是"感觉转移"吗？"感觉转移"也就是心理学上所说的"联觉"，是两种感觉分析器在生活经验中建立了特殊联系的结果。这种现象颇为多见，例如有的颜色引起暖的感觉，有的颜色引起冷的感觉，因而有"暖色""冷色"之分，这就是视觉与肤觉的"联觉"。又如看到一块石板和一堆棉花，不必用手去摸，也可以知道前者坚硬，后者柔软；这时也有可能产生强视觉和弱肤觉的"联觉"。"联觉"中一个有趣的现象是视觉、听觉往往向味觉"转移"。例如：听人唱歌演曲，说"嗓音真甜"；欣赏绘画、书法，说"笔墨甜熟"或"生涩"；看一本书会感到"津津有味"；听人说话或评曰"言语无味"；诗有诗味，曲有韵味；《红楼梦》中香菱论诗，谈到王维的"日落江湖白，潮来天地青"中的"白""青"二字时，竟说"含在嘴里，倒像有几千斤重的一个橄榄似的"（四十八回）。橄榄是要通过味觉才能品出味道来的，而"几千斤重"则更是一种"压觉"（"肤觉"的一种）。当然你可能说这些都不过是比喻而已，但是要知道，在比喻的运用中，凡是用来描述一种形象或说明一种感受的，其间往往有某种通感在；有通感的比喻也往往更使人感到真切。

"通感是否即等于'联觉'或'感觉转移'呢？"

我认为通感不完全等于"联觉"，原因之一就在于它不一定要涉及两种感觉器官的经验；只用一个感觉器官去反映种种全然不同的事物，而能产生某种相似或相通的感受，这也是通感的表现。这种现象可以称之为"感觉经验的概括"，也可以叫作"具象概括"。例如同样用眼睛去看"行云"和"流水"，所得到的显然是不同的视觉经验；但"行云""流水"的流动多变的态势却是相通的，对于这种态势的深入感受就具有概括性。同样，有人能从天风海涛听到雄强的怒吼，从风叶流泉听到幽咽的凄语；莺啼听来像唱歌，燕飞看去似起舞，其中也都有"感觉经验的概括"。这种概括虽也经过一定的抽象，但仍保留了某种富于感性的内容，所以不同于一般思维活动中由感觉上升到概念的那种纯粹抽象的概括；而从心理过程上说，此种概括乃是在其他心理因素的参与下，"兴奋泛化"和"分化抑制"准确交替的结果。"泛化"以见其同，"分化"以察其异，深入细致地感受了认识对象的异同，才会形成某种带有概括性的感受。

对艺术的创作和欣赏来说，在"感觉经验的概括"中，尤其值得注意的是"美感的概括"。虽然美感作为一种特殊感觉的实际心理内容和复杂神经过程目前尚无法说清，但它如别的感觉一样，也可加以概括。有一个爱看各种体育比赛的同志说，任何运动员，凡是技术高超者，总有"动作清楚，干净利落"的特点，因而他们的动作也是"漂亮的，好看的"。观看体育比赛当然都用视觉，而感受的对象则各式各样（打篮球不同于打羽毛球，更不同于游泳、跳高），然而在各种不同的视觉经验中却可以概括出"动作清楚，干净利落"这种感受来。那么这种感受算不算美感呢？当然要算。"动作清楚，干净利落"之所以使人感到"漂亮，好看"，正因为这是在技艺上达到了"准确"的一种表现；"准确"就意味着动作中既没有多余的、也没有不足的成分，所以完整充实，节奏鲜明，恰到好处。在任何创造活动中，凡是准确的动作，都标志着人在此项活动中已经达到或接近于理想的境界，是较为充分地显示了人的创造力量，所以很美。

以上我为了说明通感不一定涉及两类感觉经验，所以特意专讲在同一类感觉经验中也可能出现"概括"并达到"相通"的事实。现在则又要着重说明，"感觉经验的概括"，特别是"美感的概括"，又不仅仅限于同一类感觉经验，它也可能扩大到两类感觉经验中去。例如颜真卿的书法名作《祭侄文稿》和裘盛戎的唱腔都有悲壮之美；"无言独上西楼，月如钩，寂寞梧桐深院锁清秋"的画面和侯莉君的中调、长调都有凄婉之美；渴笔书、破笔画与周信芳的唱腔都有苍劲之美。……当然，具有某种美的特征的视觉形象和听觉形象是全然不同的，然而富有能动性的"美感概括"却可以从中找出相通之处来，正因为如此，所以唐代草书名家怀素听嘉陵江水声而有悟于书法，就未必不可信。人们常常看到，某一种视觉艺术的工作者除了从各种视觉艺术和视觉经验中吸取营养之外，也往往从听觉艺术和听觉经验中吸取营养；反之，听觉艺术工作者情况亦然。而能否真正吸取到营养，关键之一就在于是否

传统文化六讲

具有丰富而敏锐的通感，是否能在创作构思中准确地实现"表象联想"和"表象转化"。①

"感觉转移"和"感觉概括"都是通感的实际内容。我认为前者大都是自发的心理活动，较为普遍地出现在人的生活经验中；后者则主要是自觉的，需要更多地发挥主观能动作用，对欣赏对象琢磨玩味。由于存在后一种情形，所以通感是可以训练和养成的；假如一概出于自发，人们对它就无能为力了。其实就像"感觉转移"这种大都出于自发的通感，当它在各种创造性活动中被运用时，也超越自发而成为高度自觉的心理活动，才能真正起到有利于创造活动的积极作用。文学艺术创作中运用"感觉转移"这种心理活动经验的事例不胜枚举，它们之所以会出现在创作中，不但说明了作者曾自觉地加以捕捉，而且还必然经过这样那样的加工，以服从于创作的完整构思。

---

① 拙作《艺术通感的心理内容》一文（见《文艺心理学论稿》）曾着重谈到"表象联想"和"表象转化"是通感的两项心理内容。因为该文主要是分析创作活动中的通感，而感觉、知觉是无法直接进入创作构思的（说详《论稿》的有关篇章），所以着重谈了相应的表象活动。"表象转化"是以"感觉经验的概括"（具象概括）为前提的，另有《反映客观与表现主观》一文中有较为具体的论述，可以参阅。至于"表象联想"则范围很广，并不是一切"表象联想"都构成通感的心理内容；而构成通感的那种"表象联想"，则也是受"感觉经验的概括"制约的（例如从雄伟的听觉表象联想到雄伟的视觉表象，这就是在经过概括的"雄伟感"的制约下出现的联想）。本文由于主要是谈艺术欣赏中的通感，所以未再从表象活动的角度来谈。

综上所述，正因为通感既能沟通同一类的感觉经验，又能沟通不同类的感觉经验，所以它的活动范围相当宽广；在文学艺术创作中所起的作用也极为显著。正因为有了它，"红杏枝头"才有"春意闹"，而"呖呖莺歌"竟然"溜的圆"；画家才不仅仅靠眼睛，音乐家也不仅仅靠耳朵，去积累声色并茂、芬芳甘美的生活经验。

二

"通感对艺术欣赏来说，究竟有什么好处？"

如果不谈创作，光说欣赏，情况要简单一些。可以说好处主要有两点：

第一，是使欣赏中的感受更为丰富而深入。记得小时候老师带我们去参观书法展览，我觉得有一种字体很好看，老师说："这叫'铁线篆'，你看它那线条多么硬，很有力道和弹性，就像钢丝似的。"其实我当时觉得这种字好看，只不过因为它整齐均衡，而老师却还感到了"力道""弹性"之类；但"力道""弹性"是要靠肤觉才能感知的，用眼睛看怎么会有这种感觉呢？这就是通感在起作用，老师有通感，所以他的感受就比我丰富而深入。我最初听黄桂秋唱《春秋配》，只觉得腔调好听，后来有人对我说，不要光听腔，还要听声，他的声特别甜；而且连伴奏的京胡都是甜的（当时操京胡的是袁杏宝）。于是我用心琢磨这"甜"味，果然感受丰富了，深入了。从种种有关的材料来看，大概听觉的艺术比较容易引发通感以及联想，所以在许多描写音乐欣赏的诗文中，往往充满了通感和联想的记述。白居易的《琵琶行》是经常被人称引的。这里且另举两个例证。在屠格涅夫《猎人笔记》的《歌手》一篇中，有一大段描写造纸厂工人雅科夫在酒店里比赛唱歌的情形：

　　……他唱着："田野里的道路不止一条，"于是我们大家觉得甘美而恐怖。我实在难得听到这样的声音：它稍稍有些破碎，仿佛零珠碎玉的碰响；开头甚至还带有一种病态的感觉；但是其中有真挚而深切的热情，有青春，有力量，有甘美的情味，有一种销魂而广漠的哀愁。……他的声音不再战栗——它颤抖着，但这是一种不很显著的、内在的、像箭一般刺入听者心中的热情的颤抖，这声音不断地剧烈起来，坚强起来，扩大起来。记得有一天傍晚，退潮的时候，海水的波涛在远处威严而沉重地汹涌着，我在海岸的平沙上看见一只很大的白鸥：它那丝绸一般的胸脯映着晚霞的红光，一动不动地坐在那里，只是偶尔对着熟悉的海，对着深红色的落日，慢慢地展开它那长长的翅膀，——我听了雅科夫的歌声，就想起这只白鸥。……他唱着，他的歌声的每一个音都给人一种亲切和无限广大的感觉，仿佛熟悉的草原一望无际地展开在你面前一样。……

听唱歌而有这些感受，真可谓丰富深入了；而其所以如此，就因为充满了联想与通感的缘故。美国当代作家威廉·梅尔文·凯利在短篇小说《呐喊之歌》①中描写黑人歌手华莱士演唱民歌的情况，也值得一读：

……那是一种你吞下去的声音，因为它好像老是在搅动你的肺腑，我听他唱了好多次，一直是这样：什么也没听见，只觉得难受，好像喝下去一加仑酒，那酒在你肚子里翻腾，一把掐住你的肚子，扭着绞着，使你真想大喊大叫，但喊叫不出来，因为你害怕那些酒会冲出来把你撕成碎片。而当他停下来的时候，肚子也松弛下来，你觉得浑身软绵绵的，难受得要死……但是紧跟着，他又唱起来了，于是一切照旧，觉得难受，而当你好了的时候却又舍不得那种要吐的感觉。

---

① 见《当代美国短篇小说集》。

这一段所描写的听觉向味觉，特别是向机体觉的"转移"，真够强烈的，强烈到"什么也没听见"，而只是把声音"吞下去""搅动肺腑""掐住肚子"的程度，而且那吞下去的声音还会像酒那样冲出来。这当然是很有些夸张的，但也确实说明了对歌唱的感受是多么强烈与深刻。我在江南家乡听评弹，曾听到老听众评论某演员的唱像一碗莼菜汤，鲜滑香脆；某演员的唱像一杯二泉水，清冽甜净；某演员的唱则像加了漂白粉的自来水，不是那个味儿。这似乎也证实了我的一个想法，听觉比较容易引发"感觉转移"，而"转移"到味觉也较为多见。再说点其他方面的事例。大家知道，苏东坡评论王维，说他"诗中有画""画中有诗"，真要从诗中看出画意，从画中感到诗情，那是不仅仅依靠通感所能济事的，但通感（主要是"美感概括"）无疑也在其中起了作用。现在人们评论绘画、雕塑、建筑、园林、舞蹈、戏剧、电影等等，也常常说"富有诗意"，这同样也有"美感概括"在起一定的作用。一个欣赏者如果爱看电影，又读过不少诗，能在二者之中概括出相通的美感来，那么在看某种电影时就可能感受诗情；如果他懂画，还可能感受画意。这些感受显然比单看一个故事要丰富得多。

第二，是有所谓"一通百通"与"百通一通"的效果。首先要说明，我认为这两句话都是夸张的。因为任何创造性劳动都有其本身的特点和规律，谁若是不在某一创造的特殊实践中狠下功夫，要想掌握它是不可能的。从这一意义上说，"一通"不会导致"百通"，"百通"也不会导致"一通"。艺术欣赏固然比不得创作，但道理也多少是一样的，谁若是不致力于某一种艺术的欣赏实践，那也就不可能真正提高对这一种艺术的欣赏能力，因而既谈不上"一通百通"也谈不上"百通一通"。但是话又要说回来，各种艺术究竟有一些共通的东西，所以如果你对某一种艺术真正懂行，就往往会发现它的某些意味、某些规律也会在别的艺术中表现出来；表现形式尽管大不相同，甚至于感觉的途径也不同，但你仍然会得到某些相似或相通的感受，特别是美的感受。所以精通一行有助于多懂几行，多懂几行也有助于精通一行。中国古代诗书画论以至其他艺术理论中之所以会出现一些共同使用的概念，就因为论者在对不同艺术的欣赏中概括了那些相通的感受。例如"气韵生动"为绘画六法之首，假如你在绘画欣赏中能准确而可靠地感受它，那就肯定有助于你去感受诗歌、书法以至其他艺术的"气韵"。你懂得绘画的"气韵"，并不能使你"一通百通"，立即就会欣赏其他艺术的"气韵"；然而的确有助于你加快对其他艺术的"气韵"的感受与理解。反过来说，广泛感受多种艺术的"气韵"，也将有助于你对绘画的"气韵"感受

　　　　　　　　传统文化六讲

得更深更准。顺便说说，像"气韵"这样的名词是特别值得注意的，我把它们称为"不可翻译的概念"，因为它们是对中国土生土长的民族艺术的创作经验和美学财富做了语言符号的概括；这种概括就像一宗美的宝藏的索引卡片，按照这种卡片去把宝藏打开，一定可以找到极其丰富的、地道中国作风、中国气派的艺术财富。外国人未尝不可以用另一种语言符号硬把"气韵"之类的概念翻译过去，问题在于翻过去了也仍然难以理解，更成不了发掘艺术宝藏的标志；因为在他们的艺术传统中，从未自觉追求和积累过被称为"气韵"的创作经验和美学财富（他们另有别的经验和财富），所以并没有足够的实际感受来保证理解"气韵"之类的概念，势必有似于不能兑现的支票。但情况尽管如此，外国的艺术家和评论家由于精通他们民族所特有的艺术经验，也能够加速对中国民族艺术的感受和理解；反之，中国的艺术家和评论家对外国艺术的接受，情况也是如此。所以各民族的艺术早晚能成为全人类共有的财富，这里边肯定也有通感在起一定的作用。

"可是也有相反的情形：研究了外国艺术便排斥中国艺术，研究了中国艺术便排斥外国艺术。这又该怎么解释呢？"

这种现象的确也存在。从前我曾认为这无非是偏见，现在就知道事情不那么简单了。通感并不是无所不通的东西，主要因为它作为一种心理现象还必然受到其他心理因素的制约，诸如思想观点、美学趣味、个性特征、欣赏习惯、民族心理等等，都可能对通感的形成和运用发生影响。前面所谈的情况，都仅仅是着眼于通感这一点来说；若要把它同其他因素联系起来谈，情况就太复杂了。

三

"为了形成和丰富通感，是不是应当尽可能广泛地接触各种艺术？"

要照我看，这个说法是有毛病的。我认为通感的形成主要取决于两点：

第一，是突破一点再扩及其他。但在创作与欣赏中，情况又有区别。首先说在艺术创作中，是非如此不可的，因为如果不在专业创作中扎根深固，那么即使有了通感也无法让它在专业创作中有效地发挥作用。至于说到艺术欣赏，情况就有所不同，欣赏者基本上是爱看什么便看什么，很难要求他非突破一点不可。而且，广泛欣赏各种艺术早晚也是会产生一些通感的；他又不需要把通感用于创作，所以也不存在非突破一点不可的压力。但虽然如此，对某一种艺术知之较多和较深，仍然是形成通感的有效方法。关于这个问题，上述那位爱看各种体育比赛的同志的经验是值得注意的。他说他原先只看篮球比赛，是在篮球运动中深刻感受了什么是"动作清楚"的（就是说他的这种感觉经验已经相当准确而牢靠），然后就较为容易地去感受其他运动中的"动作清楚"。这个现象很可以推而广之，比如画家是在绘画实践中形成了对线条、色彩的敏感，一经形成之后，便可能在绘画以外的任何地方，对形形色色事物的线条和色彩有较为敏锐的感受。又如最早把美丽的建筑说成"凝固的音乐"的是谁呢？是贝多芬，这就不是偶然的。贝多芬是大音乐家，对于他来说，音乐乃是一个持久的兴奋中心，因此"兴奋泛化"的结果把建筑也当作音乐来感受了。但他的"兴奋泛化"也是和"分化抑制"必然结合的，所以他并不简单地把建筑视为音乐，而是准确地说它是"凝固的音乐"。你若仔细玩味贝多芬这句话，就不难觉察他心中的通感是深厚而明朗的。他之所以能够如此，就因为他那音乐兴奋中心是牢固而强烈的，因此"泛化"极为活跃，"分化"也精细准确。如果不谈神经过程，而是换一个大家比较熟悉的角度来看，那么也可以说：正因为他对音乐既熟悉又执著，所以就总把音乐来和其他事物联系对比，敏锐而深入地感受它们之间的异同；异中感同，才成其为通感。我想，拉斐尔大约不会把建筑说成"凝固的音乐"，他若要表达心中的通感，也许会说建筑是"立体的绘画"。中国有句俗语，叫"三句话不离老本行"，照我看这句话就反映了持久的兴奋中心的存在和通感的运用。"老本行"是人们念念在心的东西，所以老要说到它；人们在"老本行"中又有一些感受最深的东西，所以老要把它来和其他事物联系对比，甚至惯用本行术语来称呼生活中的一些东西，在这类特殊的言语现象中，往往就有通感的自发运用。分析"三句话不离老本行"所表现的通感现象，你可以认识到：追求通感本是为了触类旁通以至融会贯通，而其发端则恰恰要在一个点上用力气；有一个"老本行"才更容易产生通感，这也是一种辩证法。

关于艺术欣赏，我很喜欢说一句话，叫作"外行人的眼睛不带钩子"，这主要是思索自己的欣赏经历之后得出来的，同时在别的"外行人"身上也发现了这种现象。什么叫"不带钩子"呢？就是当一种艺术创作出现在眼前时，看不到点子上，"钩"不住应该"钩"住的东西，让它轻轻滑过去了。我们一生中，重复欣赏同一件艺术创作的机会是相当多的，在这种经历中不难发现，原来看不出什么好坏的东西，后来却能分出好坏来。过去我凡是碰到这种情况，总要感叹自己当初未免太粗心了，连这么明显的"妙处"或"败笔"都看不出来。这样的事情经过得多了，才逐渐懂得不完全是个"粗心"的问题，而主要是"不知如何用其心"的问题。"妙处"或"败笔"是要经过同类艺术创作的许许多多对比之后才能够发现的。所谓"看到点子上"，那"点子"也是在看了许多同类创作之后，才能在感觉经验中概括出来。对于一个初学欣赏的人来说，在不同类的创作中进行对比和概括就要难得多，甚至于不大可能（就距离较远的艺术门类而言）；所以应该先着重在一类创作中训练自己的眼睛或耳朵，使之"带上钩子"。而由于各种艺术之间存在着一些共通的法则；再则人在欣赏各种艺术的经历中，其感受和思维经验的发展也总要经历相似的阶段和过程，所以在一定程度上，"举一反三"的确是可能的。这就是说，"钩子"虽然是在一类艺术的欣赏实践中长成的，但它一经长成，便有可能在其他类艺术的欣赏中发挥一定的作用。"一通百通"这句话前面已评论过了，就其合理因素而言，古人之所以先强调"一通"，绝不是偶然的。当然"百通"也会反过来加强"一通"，现在报刊上常常报道某某艺术工作者除了钻研本门业务之外，还广泛涉猎各种文学艺术，他们这样做是完全正确的。因为他们是专业的艺术工作者，已经在一定程度上突破了一点，当然应该扩及全面，以收彼此启发、相互促进之功。我们则只是学习欣赏的人，对各种艺术都很外行，假如一上来就东张西望，在艺术的大海中漂荡无依，那是不利于通感形成的。

第二，要说说通感不负有心人。艺术欣赏固然有娱乐作用，可是如果仅仅为了消遣解闷，观赏时心不在焉；甚至空虚无聊，只想在艺术中寻求低级趣味或官能刺激，那就不可能对艺术有准确而深入的感受与理解，当然也就谈不上什么通感了。从道理上说，自发的、从生活经验中获得的通感，是人人都可能有一些的；但能否自觉意识到它的存在，特别是它的用处，那就是另外一回事。现在我们谈的通感，是专门用于艺术创作和艺术欣赏的一种积极自觉的心理活动，那就更要在有关的实践中发挥主观能动作用，才能够形成并加以有效运用。光就艺术欣赏来说，也需要全神贯注地看或听，仔细玩味以分辨各种感受和印象，用回忆对比来切实认识各个欣赏对象的优劣与异同，注意归纳总结以找到"点子"与"门道"，等等。总之，通感除了有赖于较为丰富的欣赏实践之外，还必须通过持久的"用心琢磨"才会自然到来，所以要做一个有心人。

"我倒愿意做个有心人，就是不知道从哪里'琢磨'起，请你再说具体一点。"

"琢磨"之道很多，现在只较为具体地谈一点。在人的认识过程中，解决问题总是从发现问题开始的，假如根本没感到有什么问题，那当然就谈不上解决了。所以"琢磨"的一项重要内容，就是在欣赏中所发现和抓住的问题。如我小时候学书法，写了一段时间就自以为挺好看了，竟然写到自己的扇面上去。有人看了说"太稚嫩，不老练"。当时，我第一不知道什么样叫"稚嫩"，什么样叫"老练"；第二又不知道为什么"老练"比"稚嫩"好。但既然有了这个问题，我就一直在欣赏实践中加以"琢磨"，后来也就弄懂了；弄懂以后确有好处，因为其他艺术也有"稚嫩"与"老练"的问题。还有一例就是音乐创作的"华丽"特色问题，我最早看到用"华丽"来形容某个乐曲就大为不解，"音乐怎么会华丽呢"？但既然是个问题，听音乐时我就总是"琢磨"它，终于也有点懂了；有点懂了之后，好像对音乐的其他特色也就懂了点。像"老练"、"华丽"以及近年来经常琢磨的艺术之"深"等等感受，都要靠自己"琢磨"（特别是从比较中"琢磨"），才会真有所感，别人是无法通过论述、讲解转移到自己心中的。还是那个老问题，言语只能描述感受，却不能转移感受。屠格涅夫把雅科夫所唱的歌描述到那种程度，然而你毕竟无法通过描述感知雅科夫的歌声，因而也就产生不了屠格涅夫式的感受；你只能根据自己的听歌经验去加以想象，而得其仿佛。

1983年3月

第五讲　成才与成功

从“让梨”说起

我在很小的时候就听先父母讲过“孔融让梨”的故事。他们讲了之后倒也并未借此对我教育一番，大约因为我并无兄弟姐妹，纵有“让梨”之心，也无可表现。

孔融让梨之事，较早见于《后汉书》李贤注。注引“融《家传》曰：兄弟七人，融第六。幼有自然之性，年四岁时，每与诸兄共食梨，融辄引小者。大人问其故，答曰：我小儿，法当取小者。由是宗族奇之”。孔融《家传》后世未见；《后汉书》及李贤注在史书中虽是名作，毕竟读的人不多。孔融让梨的故事之所以家喻户晓，乃是因为《三字经》的传扬，其中说到“融四岁，能让梨；弟（悌）于长，宜先知”。明清以下，《三字经》为童蒙必读之书，故而孔融让梨也由此深入人心，并具有一定的文化意义。

我从最初听到这个故事起，就认为孔融做得有理，让梨是件好事。但后来听得太多，倒生出"逆反心理"来了，觉得中国历史上比"让梨"境界高的事有的是，"让梨"有什么了不起？

直到20世纪80年代，我因稍稍涉猎儿童心理学，才在一本著作中看到这样一些说法：认识自己、把自己作为主体从客体中区别出来，"是人类意识区别于动物心理的重要标志之一"；儿童一岁末的时候，开始能把自己的动作和动作的对象区分开来，这是"自我意识的最初表现"；儿童掌握代名词"我"，"是一个困难的任务"，约在2～3岁的时候，才有可能"通过言语交际开始掌握这些代名词"；"在婴儿期儿童个性特征的萌芽表现上，自我意识的形成和初步的道德判断和道德行为的开始出现，是值得特别注意的"。①

"融四岁"照现在算法正是三周岁。这个时候，孔融竟能在刚刚形成"自我意识"的情况下恰当处理人我关系，表现了初步的"道德判断"和"道德行为"，这岂不"值得特别注意"吗？可见，说"让梨"没什么了不起，未免过于轻率了。

我通过对儿童心理学的粗浅学习，深感一个"我"字分量很重。"我"字出现在儿童的心中才标志着"自我意识"的形成，而"自我意识"却是"人类意识区别于动物心理的重要标

---

① 观点及引文均见朱智贤《儿童心理学》第134—136页，人民教育出版社1980年版。着重点为原著所有。

志之一"。"我"字在中国社会上名声不佳，然而人如果也像动物一样没有"自我意识"，不能"把自己作为主体从客体中区别出来"，那人也就像动物一样没有光荣感和耻辱感，没有自觉性、自尊心、自信心、进取心，也无法自我监督，自我评估了。人类如果这样，社会如何进步？但从另一方面来说，一个"我"字却又可能使人在认识上陷于主观，在行为上偏于自私；而且有些人还把这两大毛病发展到极端的程度，以至于很多宠物饲养者认为动物比人可爱可亲。

我现在常常感到，一个国家要长治久安、持续发展，必须用大力气来塑造人们心中的一个"我"字；人不可能没有"自我意识"，关键是有什么样的"自我意识"。

"融四岁，能让梨"，孔氏《家传》说这是因为"幼有自然之性"，恐怕未必。明道理、懂谦让应该说是后天教育的结果。弟兄七人生活在一起，家长势必要讲讲如何相处；而"长幼有序"的既定格局也制约着个人的行为。此类教育都能使儿童意识到"自我"之外还有他人，有些关系要恰当处理。现在我国的独生子女就受不到这种最初的教育。就城市儿童而言，从"胎教"开始已着眼于智育。到了两三岁，即为唯智教育所包围，直到长大成人，始终没有深入学习基本的做人道理。

有人可能会说："我国一贯重视德育，在儿童成长过程中岂有不深入学习如何做人之理？"的确，德育在理论上是很被重视的，具体措施也不少；只是不大能进入儿童的"注意中心"。为什么？因为"注意中心"已被作业和考分占满了。德育虽有号召与措施，言传与身教，但实际上仍是"软任务"，没有力量去占据儿童"注意中心"的一席之地；而占不了这一席之地，就往往使德育只不过"水过地皮湿"，甚至"东耳朵进，西耳朵出"，起不到切实的精神渗透作用。

笔者对唯智教育长期缺乏全面的认识，以为这总比无知教育强。现在才逐渐意识到唯智教育其实并不是"唯智"的。因其实际过程始终伴随着苦学靠自己、考分超他人的心理定势，所以对心中一个"我"字有不断强化的作用；而"道德判断"与"道德行为"却并未同步并进。这种精神世界中的不平衡发展势必带来种种消极后果，因极端自私任性而走上毁灭之路的也已多见于媒体报道。

从"孔融让梨"这个平常故事来看，人在成长过程中其实有许多机会可以接受如何待人处事的教育；关键是个体要从中有所感悟，变为认识与行为。而这就要唯智教育让出一部分思维空间和用脑的时间来，使大脑保持较为空灵的状态，才利于在生活经历中吸取思想的营养。假如从早到晚都背负作业的重压，为考分而拼搏，那就不大会有什么感悟了。

答"读书破多卷，下笔为何难"

　　我在读书、学习等问题上已经多次发表浅见，现在也没有新的想法要说。所以《浙江日报》的同志到北京组稿，本来是决不想应命的。但是看了编辑部所编印的许多读者来信之后，不能不为自学同志的刻苦进取精神所感动，也深深有感于报社同志对读者的高度关心，因此只得继续本着"一个饿汉子为其他饿汉子出点穷主意"的心情，再来炒一次冷饭。

　　有一封读者来信，被编辑部加了《读书破多卷，下笔为何难》的标题。现在我就想着重谈谈这封信中所提出的问题。

　　任何人要想有所创造都必须大量读书。这是因为人类的知识经验可以通过语言文字的记述而传承、累积和发展，所以人类的物质文明和精神文明都是始终处在继承和发展之中的。读书是继承前人的知识经验、掌握人类文化成果的重要手段之一；掌握了前人已有的文化成果，才谈得上新的创造。特别因为现在是一个"信息爆炸"、学术更新的时代，有志于创造者更非广泛读书、大量接收各种信息不可。

学习是创造的前提，但对二者之间的关系必须要有准确的、辩证的看法。从大多数人的客观行为效果上看，学习和创造的确有个先后的次序，比如说有人在三十岁以后才做出具有社会意义的创造成果，这就说明在此以前主要是学习阶段（当然到了创造的阶段也还要继续学习）。但是，就人的思维能力（特别是创造思维）的训练发展来看，却绝不能把学习和创造分为两个阶段。假如一个人限定自己在三十岁以前只许学习（而且主要是读书），不许创造，那么他就只能片面发展记忆的能力，而使其他基本能力（如感受、理解、联想、想象、思维等）得不到自觉的训练，很可能受到束缚，以至于萎缩；因此就只善于记忆知识，而不善于发挥知识的作用，去进行创造。人的大脑的各种基本能力的正常发展是有最佳时限的，某些能力如果长期受到排挤束缚，那么过了时限就不容易显著提高了。所以，从人的主观的思维能力的锻炼上说，必须边学习边创造。这种情况几乎从幼儿牙牙学语的时候就已开始了，他认识了一个西瓜，便会认识更多的西瓜，而且不管花皮、白皮或黑皮，他都能称之为西瓜。这在成年人看来自然算不了什么发明创造，但在幼儿本身来说，却是表现了使用知识、发挥知识作用的能力，显然具有一定的创造性。往后只要给以正确的引导，而不要人为地给以束缚，就能使小孩的各种基本能力有一种全面的、综合的发展；在这个基础上，才谈得到通过大量实践自觉发挥某种特别优长的能力，在工作和创造中"打出自己的风格"。毛泽东同志说："读书是学习，使用也是学习，而且是更重要的学习。""使用"之所以是"更重要的学习"，就因为通过"使用"来解决"一个两个实际问题"，其间必然包含着一定的创造性。这种带有创造性的使用知识的方法，适用于对一切知识的学习和掌握，也适用于任何人在任何阶段上的学习，是有志于学习、创造的人应当永远记取的。

现在具体说说上述读者来信的问题。信中说他"常抱一种'读书破万卷，下笔如有神'的信条，拼命地看书，认为只要看得多，写写小说就不成问题。但是，现在使人感到头痛的是'读书破多卷，下笔无主张'，常常想写点东西，可是常常不知从何下手。脑子里很乱，平时学的知识又不知怎么用进去好"。造成这种现象肯定有多方面的原因，现在仅就读书与创作的关系这一点来说，则显然有一个读书之后想得不够、用得不够的问题，因此书中的知识并没有真正成为读者的"血肉"，成为可以使用的力量。就像食物是有用的，但不经消化吸收，却不能使人得到滋养；又像布匹是有用的，但不经剪裁缝纫却不能成为衣裳；而消化吸收的能力只有在消化吸收的过程中才发挥作用，至于剪裁缝纫的能力更必须在剪裁缝纫的实践中锻炼出来；光用眼睛去看食物，绝不能得到营养，光用钱去买布匹，绝不能变为衣裳。

关于杜甫所说的"读书破万卷，下笔如有神"的话，我已在其他拙作中谈过，这里不得不再一次说到它。"读书破万卷"乃是杜甫成为伟大诗人的一个"必要条件"，却绝不能视为"充分条件"。杜甫之所以成为伟大诗人，除了"读书破万卷"之外，还因为他深入现实生活，注意观察与思索，锻炼形象思维能力，等等。这里尤需要着重指出的是，对于一个诗人来说，写诗首先是在写作实践中学会的，所以写作实践乃是一个更为直接的"必要条件"，这就像学游泳必须下水一样。杜甫本人正是这么干的，他从七岁就开始作诗，还说自己"心从弱岁疲"，这并不仅仅因为读书而疲，更主要的是在作诗方面进行了"大运动量"的锻炼。杜甫七岁时写的歌咏凤凰的诗没有传下来，我们可以肯定它的质量不及后来的创作，在往后的岁月里随着大量读书和深入生活、提高认识，他的诗是写得越来越好了。但是，假如有人责备杜甫："你为什么不等'读书破万卷'之后再去写诗？"那就大大错误了。如果杜甫真的把"读书"和"下笔"分作两个阶段来进行，那他就只能成

传统文化六讲

为"两脚书橱",根本成不了伟大的诗人。杜甫还说过"颇学阴何苦用心"（阴指阴铿，何指何逊，都是南朝诗人）及"语不惊人死不休"等话，既然"下笔如有神"，何必还"苦用心"以至"死不休"呢？可见杜甫对他的创作经验是有全面认识与表述的；后人以为只要"读书破万卷"，自然"下笔如有神"，那是一种误解。说到这里，还要附带讲到陆游教训儿子的两句诗："汝果欲学诗，功夫在诗外。"这和杜甫那两句诗一样，本来也是正确的，所以现在许多专家常常劝告专业的文艺工作者，要在专业以外多下功夫。但想做一个优秀的诗人，首先必须学会作诗，而要学会作诗，除了从作诗的实践入手，是没有别的办法可行的。假如一个人想当诗人而始终把"功夫"用在"诗外"，那他就根本写不成诗，哪里还谈得上"优秀"呢？

以上是对信中的问题做了一点粗浅的分析，那么究竟应该怎么办呢？办法仍然只有一条，那就是把看、想、写结合起来；这是多次谈过的老话，但因为这次是试图为想写小说的同志出主意，所以说到的具体内容要有一点变化。

第一是看。也就是说还要继续读书，不但读印刷出版的各种书，而且还要读好现实生活这本大书。因为文艺创作如果脱离了现实生活的源泉，不在深入生活的过程中培养自己的思想感情，那是不可能在创作中达到较高的思想、艺术水平的。

第二是想。来信中没有讲到"想"的问题，但从"脑子里很乱"等话来看，很可能在"想"的方面缺乏训练，"运动量"不够。然而"想"却是脑力劳动创造过程的主要特征；就拿读书来说，也主要是脑力劳动，而不能降格为"眼力劳动"。特别是学写小说，那就更不是一般地"想"，而是要在逻辑思维的指导配合下，狠抓形象思维的训练，使感知、联想、想象、情感等富于感性的心理活动趋于活跃、敏锐、准确、深刻。

第三是写。来信中说读书过程中"也做了不少笔记、杂记"，这是很必要的；但还不够。这里所说的"写"是指真价实货地干。想创作小说，那就要真正写小说；想要学理论，那就要真正写论文。写了以后要给别人看，也可以寄给报刊社，等受到指点或被退稿之后，就再改再写。这种写法同笔记、杂记在构思和表达的精确性、严整性上是很不一样的，应当隔一段时期就写一篇。写是整个脑力劳动中最艰苦的一环，一定要高标准、严要求，使全部学习受到严格的考核，使全部智能得到综合的训练。特别是在文学创作中，语言的使用还有它的特殊性，从构思到表现，贯串着内部言语、口头言语、书面言语、艺术言语四者的关系问题；只有在写作的实践中才能使这四者的联系与转化得到直接而有效的锻炼，因而能用本身并无形象性的语言文字符号去准确表现活生生的形象，给人以丰富的形象感。许多学习者往往只把写作看成一个语言表达的问题，殊不知写作乃是智能的综合表现，就算有了好的意思，想要表现为合格的文章，也还有个艰难的过程，所以要经常进行高标准的写作训练。

为了兼顾其他的读者来信，最后谨在这里向同志们介绍三位"最好的老师"。

第一位现在已经非常出名了，那就是爱因斯坦所说的"热爱是最好的老师"。一个人热爱一种有意义的工作或事业，就会不怕艰苦，奋力精进，苦中有乐，乐此不疲。但是爱因斯坦却没有告诉人们怎样才能产生热爱。产生热爱显然有种种原因，如崇高的理想、强烈的志趣等等，我想着重指出一个原因，即在创造活动中取得成果，乃是对理想与志趣的有力支持，也能直接唤起热爱的感情。成果既然能唤起热爱，所以它是"最好的太老师"。那么接下来又要问，一个人如何能取得成果呢？美国的"扬基号"帆船曾六次环航全球，它的船长约翰逊总是让未经训练的人来当"水手"，然后让他们在航海中学成水手，这种学习可不是闹着玩的，如果不以最快的速度学会，后果便不堪设想。但事实证明六次环航全都成功，所以约翰逊得出一条结论，叫"不得不干是最好的老师"。而在我们所说的"三位老师"的序列中，"不得不干"显然是个"祖师爷"。因为"不得不干"，所以就干，于是就取得了成果，而成果又引起热爱。人的许多成功都是逼出来的，所以胡耀邦同志曾精辟地指出："高楼自来水上不去，是因为压力不够。"现在，为了"振兴中华"，我们要尽快实现社会主义的现代化建设，形势之逼人未有大于此者！全国各地普遍掀起的学习和创造的热潮也充分说明，在当前喜人而又逼人的大好形势下，广大的中华儿女正在自觉地迎压力而上，这也恰恰是找到了"最好的老师"！在这位"老师"的指导下，何愁不能做出一定的创造，奉献于伟大的社会主义祖国？

艰苦磨炼与成才成功

甲：中国有五千年的文明史，自然积累了非常丰富的思维经验。其中有关成才与成功之道的经验总结就浩如渊海，真是广不可及，深不可测。

乙：我很同意这个看法。中国不但有大量的谚语格言益人心智，就是许许多多的历史文化典籍，如果你从一个特定的角度去看，也不妨认为其中所记的内容无非是成才与成功之道。

甲：这个说法很新鲜。看来你对中国文化中的成才与成功之道是颇有研究的了，能不能谈谈你的心得呢？

乙：正如你所说，中国人对成才成功之道的研究浩如渊海，而我只能说是从中喝到一瓢水。这瓢水的味道，突出的就是一个"苦"字。

甲：这话是什么意思呢？

乙：就是说中国人讲成才与成功，很强调艰难困苦对人的磨炼作用。比如"不吃苦，不上步"，"刀在石上磨，人在苦中炼"，"学海无涯苦作舟"，"艰难困苦，玉汝于成"等等，就是人们常说的话。至于在文史名著中，最为深入人心的，大约要算孟子所说的那段名言了："天将降大任于斯人也，必先苦其心志，劳其筋骨，饿其体肤，空乏其身，行拂乱其所为，所以动心忍性，增益其所不能。"（《孟子·告子下》）这段话现在许多大中学生都能背出来，主要因为它说得相当透彻，而且能与人们的直接或间接经验相印证，所以令人信服。当然，孟子讲"大任"是由"天降"的，这不是事实，今人对此心里明白，但因为是古人之言，所以并不字字较真。

甲：我认为另外一段话在历史上也很有影响，这就是司马迁在《史记·太史公自序》中所说的："昔西伯拘羑里，演《周易》；孔子厄陈蔡，作《春秋》；屈原放逐，著《离骚》；左丘失明，厥有《国语》；孙子膑脚，而论兵法；不韦迁蜀，世传《吕览》；韩非囚秦，《说难》《孤愤》。《诗》三百篇，大抵贤圣发愤之所为作也。"司马迁写下这一段话，也是为了说明他何以在经历危难之后发愤著书，坚持完成伟大的历史著作《史记》。孟子所讲的是道理，而司马迁则提供了一连串事实，二者都很有说服力。

乙：司马迁所说的事例，都是指在文化创造方面取得巨大成果的。前人讲"文穷而后工"，这是一句更有概括性的话，意思是任何作者都必须经历困苦才能把文章写得出色。这是可以在历史上得到充分印证的。搞文化创造是这样，干其他事业也是这样。比如说历史上有一件事情，我的印象就很深：《左传》僖公二十八年记晋楚城濮之战，在作战之前，楚成王是很不愿意同晋文公交锋的，理由是"晋侯在外十九年矣，而果得晋国。险阻艰难备尝之矣，民之情伪尽知之矣。天假之年而除其害；天之所置，其可废乎？"这话虽仍离不开"天命"，而重点却在晋公子重耳（即晋文公）十九年险阻艰难的流亡生活对其才干的磨炼。但楚国主将仍坚持作战，结果兵败身死，晋文公因此而奠定了霸主的地位。这说明对政治家、军事家来说，苦难的磨炼更是十分必要的。

甲：中国传统文化十分强调艰难困苦对人的磨炼，这是不用多说了。现在的问题是，艰苦的磨炼究竟对人起了什么实际作用？

乙：我曾经联系实际对此做了点思考，可以试着说几点，不一定全面。第一，人在艰难困苦中比较肯（或者说不得不）进行反思，能够反思就有助于认识主客体之间的关系，从而使人明白个体是不能只凭主观欲求去待人处世的，任性行事更加要不得。第二，艰苦磨炼有助于提高应变能力和解决困难的能力。这两种能力有很强的实践性，因为人碰到了事变才需要应变，碰到了困难才需要解决；因此人的应变和解难能力只能在实际的事变和困难中锻炼出来。当然，我们并不否认人的天赋智力有差异，有人比较灵敏一点，但天赋智力也必须在各种各样的实践中才会练成各种各样的实际能力。第三，吃苦受难有助于锻炼人的意志毅力，增强人的心理承受能力。人生在世，所谓"不如意事常八九"，因此不能没有心理承受能力；否则就会导致心理与性格的不健康变化，乃至出现严重的后果。心理承受能力不仅表现为逆来顺受，更主要的是能在逆境中养成坚强的意志、旷达的胸怀，始终保持拼搏进取的精神。孟子讲人的磨炼把"苦其心志"放在第一位，这是很有道理的，因为心志脆弱的人是无论如何担当不了"大任"的。第四，艰难困苦的折磨，使人易于设身处地为他人着想，从而比较能够理解人，宽容人，这当然有助于优化人际关系，乃至于收到"得道多助"的效果。以上四点说来简单，却是大多数人变得成熟并取得成功的必要条件。因此，"失败是成功之母"才成为人们的共识；至于"若非一番寒彻骨，哪得梅花扑鼻香"，则是更为形象的说法，也更有中国特色。

甲：听了你这番话，觉得你对艰难困苦的磨炼作用的确有较多的思考。但我认为，人的成才与成功固然离不开艰苦的磨炼，却也离不开总结或吸取成功的经验。人的"心志"既需要"苦"的营养，也需要"甜"的营养。

乙：这话当然不错。但我认为，生活中的"甜味"总不如"苦味"那样作用深刻。"苦"不但使人历久难忘，而且总是引发痛切的思考。我们听说过"寒天喝冷水，点点在心头"，"毒蛇咬一口，井绳怕三年"；却没有听说过因为井绳有汲水之功，能使人喝到甜水，从而对毒蛇也产生好感。由此可见，苦与甜虽然对人的成长都很必要，但两者的深度与张力却是有差距的。不过，我现在是因为专门谈"苦"，所以没有说到"甜"，并不是有意忽视成功经验与欢乐心情的作用。

甲：中国文化中有极为丰富的成才与成功之道的总结，而你只对艰苦磨炼的作用想得多，这大概是有原因的吧？

乙：的确如此。因为我看到独生子女大学生大多数太缺少艰难困苦的磨炼，由此在性格上有一些弱点，其中对各种挫折缺乏心理承受能力的问题，尤其比较突出；在个别人身上还发生了严重的事情，不能不引起人们的深切关注。但虽有关注，却无法可施。现在城市独生子女受到那么多的宠待与保护，哪有什么办法"苦其心志，劳其筋骨，饿其体肤，空乏其身"呢？因此，这是一个很需要研讨、解决的问题。

甲：问题是要解决，但也有不同的意见可供参考。有一次我曾同友人谈起独生子女缺少艰苦磨炼的问题，他却认为看这个问题不能绝对化，说人们只从成功者身上看到吃苦受难的积极作用，却未想到动乱多难、生活穷苦曾扼杀了更多的人才。又说社会稳定而无动乱，人民生活逐步富裕，这都是不可改变的事实，而且都是好事。在出现这么多好事的情况下，他相信中国人必能找到相应的教育方法，培育出一代代数量更多、素质更高的人才来。这个看法是可以引人深思的。

乙：这的确是一种有意思的见解。但是，我们谁也没说为了让人受到磨炼，社会便该动乱多难，生活便该继续贫困。你那个"友人"不是说与现代中国相应的教育方法还需要"找"吗？我们现在探讨中国传统文化中强调的艰苦磨炼，也无非是为了"找到"与当前现实相应的优良教育方法。要知道，就是在经济高度发达、生活相当富裕的国家，人们也是很重视让孩子从小多受磨炼的。磨炼使人成才成功，这是古今中外概莫能外的。假如我们想一想运动员的成长，道理就显得极为简单明了，即无论社会发展到什么地步，运动员倘若不经过身心两方面的艰苦磨炼，是绝对拿不到金牌的。运动员如此，其他各种人才的养成又何尝不是如此？

甲：我认为现在城市独生子女一方面多受宠待与保护，另一方面也是很苦的。据你以往所说，现在孩子们的智力竞争从幼儿园便露出了苗头；往后为了升学，竞争越来越激烈，书包越来越重，作业越来越多。大多数城市独生子女的父母，或为了孩子升学，或让孩子从小学习外语、电脑、弹琴、书画等本领而使其受苦，是并不手软的。

乙：这也许正是目前存在的问题之一。现在培养独生子女有个"一好遮百丑"的倾向，即只要智力开发好（或仅仅是考试分数好），其他就都不管了。但我们从许多成功者的身上可以看出，非智力因素所起的作用往往超过智力因素，考试分数和成才成功之间更没有必然联系。就是智力开发本身，也离不开毅力、情操、志趣、情绪控制等非智力因素的支持与配合。艰苦磨炼对非智力因素的养成作用是显而易见的，这种磨炼也不是只有在动乱和贫困的环境中才能够进行。因此，假如独生子女的父母能够超脱直观认识的局限，不过于片面重视子女的智力因素，而是同时也重视非智力因素的培养和提高，有意识地给以种种磨炼，那必定能使子女在成长过程中受益匪浅。

1996年12月

成功者的学习与创造

主要是边学习边创造。成功者的工作必然富有创造性，而这种创造性的工作大致是与学习同步进行的。

世界上的人千差万别，但在学习与创造上，却必遵循一条共同的法则，这就是边学习边创造，但这条法则却是多数人所不承认的，因为它违背常识。常识是学好了再创造，然而这条常识却是违反一切学习与创造的实际情况的。

拿婴儿学说话这一人类最初级的学习来说，你告诉他红色的苹果叫苹果，他也就会把黄色的苹果叫苹果。你让他对年轻的妇女叫阿姨，只要几次，他就会对其他年轻妇女叫阿姨。他学会了一些词和句子模式，就能灵活应用。你教会他"宝宝要吃饭"，他就也会说"宝宝要吃糖"。这种举一反三，对婴儿本身来说，都是创造，倘若婴儿不会边学习边创造，那么他就永远学不会说话。

小学生边学习边创造就更加明显了。老师教了加减乘除之法，学生就要做习题；老师教了语文课，学生就要做作文。这都是边学习边创造。那么小学生的作文算不算伟大的创造？当然不算。因此按照"学好了再创造"的理论，他根本就不应该写作文，他应该在具有大文学家的水平之后才开始写作。但如果真有这样一条规定，那么世界上就永远不会有大文学家了。

所以，真正的学习和创造性工作从来就是相辅相成、同步互促的（学习先行一步，但不能先行太多）。总起来说，就是在学习中创造，在创造中学习。这才是真正的学习。同志们来学习，也必须明确，只有边学习边创造，才能真正学到东西。

有人可能会问，既然是边学习边创造，为什么就业前要上学，上岗前要培训？要知道我说的边学习边创造是一种学习方法，也是一种创造方法，主要是从小开始、持续不断地培养创造思维，训练智能因素的综合运用。我没有说过边学习边就业，先上岗后学习。就业与上岗都必须学习到一定程度才能胜任，而这个学习却必须始终具有创造性，才真正学得会。前面讲小学生写作文是边学习边创造的表现，唯有不断进行作文的训练，才能真正学会写文章。但不能因为让小学生写作文，便认为他无须当小学生，干脆去当专业作家或文字工作者。因为他虽然在学习中必须边学习边创造，但总的来说，他这种学习还未达到当专业作家或文字工作者所应有的程度。所以他还要边学习边创造一段时间；而在当了专业作家或文字工作者之后，他仍然必须边学习边创造，才能不断提高。

下面讲几个具体问题。

（一）知识能用才是力量

培根说了"知识就是力量"这句话，现在通行全世界，但实际是不全面的。一个人有了知识还必须能用、会用，才会成为力量。比如知道感冒冲剂治感冒，这是知识；但如得了感冒硬是不去吃它，请问有什么力量？毛泽东同志说："对于马克思主义理论，要能够精通它，运用它，精通的目的全在于运用。"一切知识都是如此，精通的目的全在于运用。

知识运用的好处：

第一，用了才学得更深刻、更牢固。陆游诗曰："纸上得来终觉浅，绝知此事要躬行。"人们讲实践出真知，不说读书出真知。读书当然能获得知识，并对实践有用；但只有学了并加以运用，才感到懂得深切。很多老师讲，他是教了某课才真正学会了某课的。从学习的角度看，科研与写作是更为艰苦而深入的学习。

第二，用了才知道知识的不足，即所谓"书到用时方恨少"，深感继续学习的必要。古人讲"学然后知不足"，这当然也对，但仅是一种感想，只有用然后知不足，才有真正的紧迫感和痛切感。

第三，用得灵活就是创造。所以，不论什么工作中富有创造性都并不神秘，无非是知识的灵活运用。《红楼梦》"大观园试才"，贾政说贾宝玉"以一知充十用"，这在古代是很大的贬斥。实际上"一知"能够"十用"，表明用得活，有创造性。十知可以百用，百知可以千用。贾政有千知万知而不能一用，这才是无能。

第四，用了才能使智能全面发展，而不是只锻炼记忆力，成为书呆子。用了也才能认识自己的智能结构特点，学会扬长避短，发挥优势。这就回答了前面留下的问题。

第五，用了才有成果，产生成就感。这个作用很大。像前面讲的间接兴趣等等，都不可能天生就有，而是因为尝到了成果的甜头，才去争取更大的成果。爱因斯坦说："热爱是最好的老师。"大家认为精辟，却没有去追究怎样才会热爱。产生热爱的最有效办法就是出成果。所以"成果是最好的太老师"。那么成果又怎么得来呢？成果是知识应用的结果，但用的难度比学要大得多，所以人们往往懒得去用。因此就要逼一下，人才都是逼出来的。不是自己给自己施加压力，就是客观要求给你施加压力，二者都使你不得不干。不得不干就只能干，干了就出成果，出了成果就产生热爱。从这个意义上说，不得不干就成了"最好的祖师爷"，这是爱因斯坦所没有说出来的。所以同志们最好能自己逼自己，使自己不得不干，欲罢不能，以便使用知识，取得成果，发现长处，热爱创造。毛泽东同志说："读书是学习，使用也是学习，而且是更重要的学习。"这话是非常深刻的，因为知识的使用能产生一系列积极的后果。以下棋做比，读书好比读棋谱，使用就好比实际下棋。棋谱看得再多，不下棋，棋艺不可能提高。下棋必输，也就没有成果感。

（二）急于求成与大器晚成

急于求成从来被认为是不好的。但究竟好不好，完全取决于一个字，即"成"字，只要能成，急是完全必要的。因为对一个学者来说，学习与创造既然相辅相成，那就应该在学习过程中时时刻刻追求创造性的学习成果，也即科研成果，根本谈不上急与不急的问题。最新的创造学研究成果，发现有创造性的人才的特征之一，就是性急（不等于急躁，是只争朝夕）。一般人认为急于求成便意味着不踏实，轻浮躁进以至弄虚作假。其实这二者之间根本没有必然联系，而且根本是两回事。相反，在学习中努力追求创造性成果的，那学习才是更深入细致的，属于"大运动量"训练，这比小运动量训练更有效，也

　　　　　　　　　　　传统文化六讲

更扎实，所以是在学习上最踏实的表现。反之，在学习中从来不想追求创造性成果的，那才是真正的又浮又虚，水过地皮湿，学习效果不大。再从事实上说，一个人上了十二年学方才进大学；上了十六年学方才大学毕业，那是够不急的了。因此，假如上了大学还没有自觉的创造意识，那还准备等到什么时候呢？等最佳年龄段一过，就比较困难了。体育冠军的培养就不是大器晚成，若晚成，就不成。抓住机遇，发展经济，也是要求快出成果。不急不成。

中国传统观念中，为了反对急于求成，便提出了"大器晚成"的说法。对这句话应该怎么看？可以说又对又不对。假如一个人从来坚持学以致用，自觉地把学习与创造结合在一起，因而先成为"小器"，后来成为"中器"，到晚年成为"大器"，那么这句话是有道理的。反之，假如一个人从来没有自觉地把学习与创造结合起来，也就是说从来没有成过什么"器"，到了晚年却忽然成为"大器"，那是绝无可能的。而一般人所说的"大器晚成"，却正是指后者而言的，是不符合学习与创造的规律的。所以"大器晚成"往往成为一句空洞的鼓励话，以安慰不能成才的人。倘若"大器晚成"能与"急于求成"结合起来，那就完全不同了。

那么，对诗人杜甫的两句名言"读书破万卷，下笔如有神"又该怎么看呢？这只要看看杜甫本人的做法就能正确理解。杜甫从七岁开始作诗，那时他读书肯定不多，但他写诗却照写不误。往后他便一边读书，一边写诗（当然他还深入生活并参与政治）；等到后来书越读越多，社会生活越来越了解，诗也越写越多，终于就能够"下笔如有神"了。所以事情本是极为明显的。但有的人却不这样理解，而是有意无意曲解杜甫的本意。认为一个诗人不该急于写诗，必须等"读书破万卷"之后，再去写诗，便自然而然"下笔如有神"了。事实上，杜甫若真的这么干，那他根本就成不了诗人。还有人把经过曲解的这两句话用到学习方法上来，那就更加害人不浅。他们的意思是不要急于创造，要把学习与创造分为两个阶段，等学够了，学足了，再去创造，那创造才是了不起的。事实上如果真的这么干，一个人的创造思维早就被抑制甚至被扼杀了，哪里还会有什么创造呢？

（三）联系与反联系

以上讲了许多创造，创造究竟怎样进行呢？一种最为普遍而常见的方法，便是在事物之间进行联系与反联系。这样便能运用已有的东西创造出前所未有的东西来。

联系与反联系普遍存在于自然科学中，尤其在化学中可以看得最明显。因为化学元素就那一百多种，各式各样的化学品却不计其数（现在光是护发素、护肤膏就不知有多少种），而化学制品便是由化学元素经过联系与反联系而被创造出来的（当然不算天然化合物，如水是氢与氧的化合物）。从自然物提炼元素，这就是反联系；元素化合成新的化合物则是联系。

为什么在联系之外还要讲反联系呢？举个例便可以说明。如钢是铁炼成的，但铁却要从铁矿石中分解提炼出来，这分解提炼便是反联系。铁矿石又要从山里开采出来，这开采也是反联系。

任何新潮时装的创造也是联系与反联系的结果。时装的创造者过去叫"裁缝"，这两个字准确无比，因为"裁"就是反联系，"缝"就是联系。但裁与缝只是联系与反联系的表现之一，不是全部。

又如医生看病，肚子疼就可能是很多种病的表现。经过反复检查，排除种种可能，是反联系；最后的确诊则是联系，即将肚子疼与某一种病准确联系起来，然后才能对症下药。

社会科学中一切学科与论点的发明也是联系与反联系。如文艺心理学便是由文艺学与心理学联系而成；但不是把二者原封不动联系起来，而是先要经过反联系，把两种学科中可以结合的内容提取出来，才能化合成一种新的学问。

前面讲过的论点也无不如此。如最大的论点"边学习边创造"，便是学习与创造两种事情的联系，无非叫人要"以学习的态度来对待创造，用创造的方法来进行学习"。为了建立这一联系，需要抛弃种种误解，这便是反联系。又如"知识能用才是力量"，就是把"知识就是力量"这个不完备的道理同它应有的实践性联系在一起。在对"读书破万卷，下笔如有神"和"大器晚成"等的解释中，虽然用了逆反思维，但实际内容也是联系与反联系。如"大器晚成"的解释便是在原有的意思中加进了"目标分解"与"分期实现"的行为学理论。

一切的联系与反联系（即一切发明创造），从构思设计的角度看，只有两种心理模式，即创造思维与创造想象。

凡一切形象性的创造，都主要运用创造想象，即在事物形象之间进行联系与反联系。如绘画、书法、文艺创作、时装设计等等。

凡一切抽象性的创造，都主要运用创造思维，即在各种理论、观点、信息、数据之间进行联系与反联系。各种学术研究大致都属于此类。

但要强调两点。第一，创造想象与创造思维是不能截然分裂的。几乎一切的创造都要通过二者的配合运用，只不过在不同性质的创造中，二者的运用各有侧重而已。第二，在联系中要反对拼合、凑合（剽窃就是凑合，东抄一段，西抄一段），要力求和谐的融合，最好是"化合"。"化合"才会有崭新的创造物。

同志们只要善于把创造思维与创造想象运用到学习中去，便能做到高度自觉的边学习边创造。

（四）学为基础，想为主导，落实到用

学指看书学习，也泛指在工作中学习，即用一切方法搜集信息，这是做好工作的基础，当然十分重要。

下面着重谈谈看书学习。许多人都强调读书的重要，却未必知道读书有各种情况，不能一概而论。比较常见的读书法有四种：

1. 零效应读书法：读了没留下任何印象，没记住任何东西。这样的读书有什么用？说它"零效应"是客气的说法，实际是"负效应"，因为读者白花了时间，而时间则是生命的一部分，浪费不起。

2. 化妆品读书法：把读到的东西仅仅用作谈资，以掩饰文化素质的欠缺。这种情况尤其多见于谈恋爱的过程中，一般以男青年为多，在女孩子面前表现出中外古今、天上地下，无所不知、无所不晓。其实并无真才实学真本事，真相将在结婚后表现出来。因此女孩子对这样的读书人应该采取一个简单的对策，即"废话少说，拿论文来"！这个对策，古代已有先例，即"苏小妹三难新郎"。苏小妹的对象秦观已是成名的学士，可是苏小妹还是不放心，新婚之夜让他现场交出三篇"论文"，才算通过。这一招真叫厉害，秦观在第三篇"论文"（对一句七字联）上，差一点被"烤糊"了，还是苏东坡在暗中帮了一把，才解决难题。

3. 冷藏库读书法：就是读了许多书，却不用于创造，而是把它"冷藏"起来。那样，读书的人岂不像个冷藏库了？有的文章吹捧人，说他读书几十年，做了多少万张卡片，堆满屋子。从学以致用的观点来看，这吹捧得不在点子上。一屋子卡片，究竟有几张用在了学术创造上？这才是根本问题。因为评价一个学者，主要看他对社会的贡献。

4. 热处理读书法：这是真正的学习，是学习与创造的结合。自从信息论流行以后，大家都知道信息的重要性。但其重要性乃是表现在信息的收集、选择、处理、加工这一完整过程并有效应用于一定的目的上，而不能孤立强调信息的收集。读书也有信息的收集，读了以后还要消化、吸收、生发、开拓，并用于一定的创造目标。所以读书非经处理就不能为读者所用，而且最好是"趁热打铁"，所以借用"热处理"这个

传统文化六讲

名称。

"热处理"的具体表现就是在读书过程中始终开动脑筋，全面调动智能因素，即不仅借助记忆力来尽可能记住它，还善于联想、想象与思维。这样所读的书才能至少有一部分在你脑中"发酵"，你的收获也就不仅仅限于书中提供的内容。孔子说："学而不思则罔，思而不学则殆。"这个看法很正确。读书与思考就是要紧密结合，而且要以思考为主导，这才是打主动仗，才能由此及彼，由表及里，富有开发性。实在没啥可想，至少可加评论，好在哪里，不好在哪里。但评论不能用作谈资，要落实到写。

孔子所说的学习方法虽然很正确，但现在看来还不完整。因为学了、想了，还必须使其结果得到应用，即落实到用。应用当然不一定现学现用，读了一点立刻就用。但至少在或长或短的学与思的过程中不能忘了目的在于用。有的大学生读到第四年要做毕业论文了，却说没题目，要让老师出题目。这就因为在前三年的学习中从来没想过学是为了用，而且学了也没思。确定论文题目是用的最重要环节，早就应该在学习过程中酝酿而成（而且不止一个）。

在社会科学的领域中，知识的运用及创造性的表现当然也是多种多样的。但不可否认，最为多见的表现是写文章。写是边学习边创造过程中最为艰苦的一环，然而也是最终表现成果的一环。为了完成"终端考核"，使学习与创造卓有成效，这一环无论多么艰苦也须始终坚持。写作是对思维的最大训练。任何人写文章也不是一切都想好了再写；而是必须在写的过程中加深学习、加深思考，并在表现上字斟句酌，力求准确而有"寸劲"。有时为了琢磨一句话，可能用掉一两个小时，看起来效益太差，实际是对思维能力的最大训练。有人一辈子拿不出显著的成果，就因为懒于写作；懒于写作又有一个借口，即认为读书读到一定程度自然就有文章出来，实际上并不是那回事。（读了三年大学，找不到一个毕业论文题目便是明显的例子。）也有人一辈子过不了写作关，就因为没在写作的准确性、分寸感上用功夫，不了解内部言语、口头言语、书面言语三者的联系与区别，所以写出来的东西不是那么回事，别人也提不出意见。凡是老师、同学认为写得不好而又提不出意见的文章，问题就比较严重。就像疑难杂症，医生不能确诊。

　　"学为基础"，"想为主导"，"落实到用"，三句话，特别是最后一句，是这一讲所提出的主要建议，希望能得到同学们的认同。

学历与学问

甲：我从报上看到，现在有些省市，用人已不只看学历和学位，而主要是看应聘人员的实际工作能力。你对这件事怎么看？

乙：用人之道，从"开后门"发展到"看文凭"是一大进步；再从"看文凭"发展到"看实际工作能力"，这又是一大进步。

甲：但是有些人认为，学历高的人学问总是大一些，在工作中比较有"后劲"。所以选用人才不能只看一时的"实际工作能力"。

乙：我认为，从一般情况来看，学历与学问大致是有正比关系的；也就是说，学历越高，学问很可能越大。但是，我不认为这种正比关系具有必然性。再则，工作中的"后劲"主要取决于"后续教育"，即在工作中不断学习新东西；这比原有的学历更为有用。

甲：你为什么认为学历与学问的正比关系没有必然性呢？

乙：这主要因为我对"学问"这个概念的理解与一些人有所不同。他们所说的"学问"主要是指书本知识的学养；还似乎把"学问"与"实际工作能力"看成两回事。而我对"学问"的理解则深受社会见闻的影响，所以是包括了实际工作能力的。

甲：我很想听听你对"学问"的理解如何受到社会见闻的影响。

乙：例如我曾听"下海"的人谈"生意经"，听口语翻译谈直译与意译，听书法家谈笔法，听话剧演员谈发声，听急诊室的医生谈抢救，听小学老师谈如何对待"差生"，他们都说过一句话："这里边学问可大了！"还有我以前对你说过的我亲眼所见的读了书不能用而被人讥为"两脚书柜"的人物与事例。正因为这些耳濡目染的影响，所以我对"学问"的理解固然包含书本知识的学养（而且这是很重要的组成部分），但"学问"的完整含义，应是智力与能力相结合、书本知识与实际工作相结合、能够解决工作难题并取得有益成果的一种本领。其中尤以"解决工作难题"和"取得有益成果"乃是"学问"的根本属性。所以，即使是专业的理论工作者和基础学科研究者，其水平高低也主要取决于能否在研究工作中解决专业难题并取得创新成果。

甲：我想，你对"学问"这一概念的独特理解，其要点仍源于你一贯强调的"学以致用"和"学以致创新"。这种能力是文凭所不能表现的，所以用人单位还要考察应聘人员的实际工作表现。

乙：除了你所说的这一点外，我之所以指出学历与学问之间没有必然的正比关系，还因为学历相同的人，其知识修养与实际能力都可能有较大的差异；而且学历层次分得越细，注入"水分"的渠道也就越多。现在学术界对走形式捞学位的现象已多有揭示；甚至从来没有任何学术著作的人也不知通过什么途径而成为"博导"。在这种情况下，用人单位又怎能只看文凭与头衔就做出决定呢？

甲：可是，从实际工作中考察人，这说说容易，做起来却是非常艰难的。

乙：无论多么艰难，至少在企业中早晚必然要实行这种考查。因为企业用人的能力大小直接关系到企业的盛衰乃至于存亡，所以它在考查人才方面是肯定要讲求实际的，不会因贪图省事而只走形式。这种用人方针正是市场经济渐趋成熟的表现。你在开头所讲的"现在有些省市"在用人上如何如何，据我所知，那些省市正是市场经济比较发展的地区，在用人上出现这种新情况绝不是偶然的。

甲：讲求实际的用人之道，要是如你所说将在市场经济成熟的过程中日益落实，那可是影响深远，将促使我国的人才生态大为改观。

乙：这话怎么讲？

甲：我只讲一点就够了。大家都知道"高考指挥棒"的强大作用，严峻的考分竞争使中小学只能实行应试教育；并在某些方面影响到家庭与人际关系。这固然是人所共见的现象，却并不是事情的本质。要知道真正的、最根本的"指挥棒"并不在于高考，而在于社会各单位录用人才的方法与标准。假如企事业单位录用人才不只看文凭，而真能不怕麻烦，致力于考查人的素质与真才实学，那么"高考指挥棒"的作用必将逐渐衰减，素质教育也将逐步落实；自学成才者也有路可走，有门可进。于是，"不拘一格降人材""万类霜天竞自由"的人才生态也就可能真正出现了。

乙：你这番话相当精辟，尤其是让"自学成才者有路可走，有门可进"这一点，我极为赞同。我们都是长年在高校从事教学工作的，自然充分了解高等院校在培养人才方面的巨大作用。但是，我从来不认为高校是唯一培养人才的地方，对别的出处都不予承认乃至不屑一顾。我之所以这样想，一则因为我的确见过不少自学成才、确有真才实学的人；二则因为承认

212　　　　　　　　　　　　　　　　　　传统文化六讲

自学可以成才，并向其敞开大门这件事关系到社会公平。别的不说，只说中国那么多农民，究竟有多少子弟能够上大学呢？真是微乎其微。因此，假如必须有大学文凭才能敲开许多就业之门，那就很不公平。反之，假如就业主要不看文凭，而看实际的工作能力，并切实承认通过刻苦自学可以养成这种能力，那就是为广大农民子弟以及所有没能上大学的人摆明了一条极为宽广的上进之路，从而大大调动众多的人致力于进德修业的积极性。这不仅能使"提高国民整体素质"得到落实，而且也很有利于社会安定。

甲：看来，我们的前辈校长蔡元培先生倡扬的"兼容并包"，在今天仍可以用来改进育才用才的状况。这就是说，学历与学位仍然有用，值得追求；大学扩招还要坚持并不断改进；自学成才更应鼓励并明摆着出路；……总而言之，用人单位主要考查你的真才实学，却不计较你的出处。如果真能这样，那么育才用才整个一盘大棋就算下活了。

乙：实行"兼容并包"，通过各种方式培育人才，这的确很好。但是要真正下活育才用才这盘棋，却还有其他问题要解决，其中之一是如何看待"蓝领"人才。现在许多人所说的"人才"，仅是指"白领"中人而言，这是非常片面的。在任何社会中，"蓝领"工作者总是占多数，在两个文明的建设中起着不可或缺的巨大作用。而在"蓝领"工作者中间，不仅能工巧匠是人才，而且我们谈过多次的自学成才者也必然主要出在"蓝领"层中。

甲：我记得你曾说过，现在考高中最难，很多人上不了高中便进技校，毕业后成为"蓝领"工作者；在这类岗位上如果坚持自学进修，同样可以成为人才。

乙："蓝领"工作者的自学进修有两种可能：一种是去钻研与岗位工作完全无关的专业知识和理论，另一种是密切结合岗位工作进行有关的学习和研究。在这两种进修中，我特别赞成后者。因为一则可以现学现用，二则在其"滚雪球"式的学习研究中，始终便于把理论与实际相结合。但这种自学进修却必须以热爱岗位工作为前提，如果当了出租车司机或环卫工人便认为"这辈子没戏了"，那还有什么心思去钻研城市建设与环保绿化问题？可是他如果变一变心态，下决心去学习钻研与岗位工作有关的学问，那么他从一开始就比普通大学生多了一笔"资本"——在工作中积累的实际知识和经验。只要细想一下，就可以发现许多"蓝领"工作其实都联系着某种大学问，只要做有心人坚持学习和研究，就可以在原有的工作中实现突破而进入新的境界。

2002年1月

第六讲　阅历与读书

爱国情深忆先君

我的父亲于1955年3月去世，至今已四十年了。先父讳文灿，原籍苏州。因幼而失怙，家境贫寒，所以只读了几年书便到无锡某粮行当学徒，出师后即为该行职员，终身未改其业。他虽只是一介平民，但为人正直，急公好义，有很多事情给我留下深刻的印象，其中尤为难忘的是他那朴实而深厚的爱国主义感情。值此抗日战争胜利五十周年之际，我想略述往事，以作纪念。

我对幼年的记忆始于抗战之初。记得1937年"八一三"事变以后，在无锡即将沦陷的情况下，我们全家逃难到北乡。那时父亲忧愤成疾，几致不起。在乡下已听说市里北塘沿河的商业繁华地区被日本侵略军烧成大片焦土，那正是我家和先父工作单位的所在之地。因此他回城后便拖着病弱的身躯，带领先母和我到北塘去看劫后情状。面对一片焦土，他那满怀国仇家恨的激愤神情至今仍深深留在我的记忆之中。他后来还不止一次对我说：“日本鬼子不只在南京搞大屠杀，他们到哪里都杀人放火。北塘烧成白地，你是亲眼看见的，这可不能忘记！”

在抗战时期的沦陷区，耳闻目睹的日寇暴行是很多的。其中最具恐怖性并使一个儿童的心灵深受创伤的，大概要算“野马路辨同党”了。这个名称是笔者杜撰的，事情经过则是这样：据说日本宪兵队抓到了国民党的几个“地下工作者”，经过刑讯，这些人都屈服投降了。日本宪兵便把他们分在两个地方辨认同党。北城的全部成年居民从早晨六点钟左右便集中到“野马路”上，这是沪宁铁路和无锡市区之间的一条马路，当年非常荒凉，少有人行，所以叫“野马路”。多少万人排列在这条很长的马路上，从十点左右开始缓缓走过一道栅栏门。门口就坐两个叛徒，他们整个脸部都用白纱布缠起来，只露出鼻孔和眼睛；旁边则有许多日伪军。列队通过栅栏门的人如果被叛徒指为同党，大致也就没命了。因此这栅栏门真好比鬼门关，而尤为难熬的是在通过栅栏门之前的差不多一整天，始终处在惊心动魄的恐怖之中。这样的迫害活动先后有两次。我那时还很小，本来不必去集中，因和父母彼此不放心，所以两次都跟着去了。由于长时间受到恐怖和担心的折磨，因此在多年以后还常做相应的噩梦。先父站在“野马路”上总是很愤慨，只要他开口，便是骂"鬼子"。旁人不敢搭理，也有人劝他："文灿兄，你少说几句吧。今天能太太平平回去就好了。"回到家中他头痛欲裂，边吃药边发脾气。他还问我："在野马路上你怕不怕？"我说："最怕他们认错人，把你抓去。"他说："我早就知道亡国奴不好当，当了亡国奴还不是人家要你怎样便怎样！"他上床睡下了，我还听到他不断地唉声叹气。

先父在无锡就业，但苏州老家还有祖母。抗战以前，他一年总要回苏州几次；抗战爆发后，他却一连几年不回苏州。后来听叔父说祖母身体不好，希望先父带我回苏州过年。父母为我制了新衣，父亲还带我上街买帽子。我小时候头大，买帽子不容易，从北大街走到北城门口一直没买到合适的。我本以为先父要带我穿过城门到城中比较繁华的地区去买，谁知他却带我绕过城门转向通运路，那里商店并不多，结果帽子终于买不到。先父把我领回家后，闷闷不乐上班去了。我对先母说，买东西就是要到城中区，他却偏偏不进城，怎么买得着。先母很沉重地对我说："你父亲几年不进城了，因为进城门要向鬼子（日本宪兵）鞠躬，你父亲最恨这一点。他多年不回苏州，也是因为在车站进出都要向鬼子鞠躬，还要被'抄把子'（指解开外衣被搜身），你父亲都认为是很大侮辱。这次是祖母身体不好，才不得不带你回去看看。"我这才知道父亲当时的心情。从那以后我便不曾戴过帽子。到北京上学和到沈阳开门办学，为了防寒都是买了帽子的，但也没戴过。我小时候不戴帽子只不过因为买不到合适的；但在父亲去世以后，我不戴帽子就含有对他的纪念之意。

我因为是独生子，从小受到父母的宠爱。在我记忆中他们从没有对我发过脾气，但在抗战后期的某一天却出现了例外。那天刚到学校，校长就把全校师生集合起来，让大家排队进城，到某个礼堂去吊唁刚刚死掉的汪精卫，向他的遗像三鞠躬就回来了。我到家时正好父亲回来拿头痛药。他问我怎么十点不到就放学了，我说今天上午没上课；他问为什么不上课，我说给汪精卫吊丧去了。他一听这话突然脸色铁青，瞪着眼问我："你向那'半爿乌龟像'鞠躬了？"（抗战时期，先父一贯称汪精卫图像为"半爿乌龟像"。）我感到害怕，但也只好说："大家都鞠了！"先父当时大吼一声"你混蛋"，并狠狠一拳砸在桌子上。我见他手背上渗出血来，桌面裂了一块，留下一个深深的拳头痕迹，当时便吓得哭了。先母连忙护住我，对父亲说道："他是个小学生，学校让去能不去吗？"但父亲还是怒不可遏，说道："这叫什么学校，让我们下一代人还甘当亡国奴，中国真是没救了。我还不如立刻得了脑充血好。"

说着把几包头痛药狠狠摔到地上，转身出门而去。在我长大以后，每次看到那张旧桌子上留下的先父拳头的痕迹，便总是想起当年的情景，并在心中产生情感的波澜。

日本侵略者宣布投降后，先父一连几天激动不已，家里放了大量爆竹，他还一趟一趟跑到大街小巷去看全市欢腾的景象。几天后他突然买回来一面很大的国旗，又问我有没有力气；我和别的少年一样总觉得自己力气很大，当即答以"力气有的是"。他说："那好，你跟我去买一件东西。"于是他带我到了运河边上的竹场巷，买了两杆又粗又长的巨竹，扛回家去。由于回家要经过好几条街巷，道路窄，行人多，两人扛了这么长大的竹子行走实非易事。回家以后，先父想把两根竹子扎连成一个很长的旗杆，这就更加艰难。我们俩干了大半天，费尽心力，才把旗杆竖立在小天井里；第二天一早又把国旗升到旗杆顶上。升旗后的几天，先父回家总是高兴地说："咱们家的国旗在几条里弄以外都看得见，真是高高飘扬。"但以后他对国民党"劫收大员"的贪污腐败越来越痛恨，说"这帮贼官与汉奸没啥两样"。大约只过了几个月，一天早上我请他一起去升旗，他却指着桌上一张报纸说："你先看看这个。"我看到报上是一幅漫画，画了个"劫收大员"身上有五只手，分别托着"房子、车子、女子、票子、条子"，标题是《五子登科》。先父沉痛地说："抗战八年，老百姓吃了那么多苦，可是国民党政府还是老样子，真是不可救药。"说着他把国旗胡乱折了折，往卧室角落里的搁板上随便一扔，从此就没有再升旗。

近年来我常常考虑爱国主义教育问题，也常常想到先父的爱国之情仿佛是与生俱来的。当然与生俱来毕竟不可能。但他受的教育不多，社会地位也不高，却对自己的祖国爱得那么深，对侵略者和汉奸、贪官又恨得那么深。这种感情究竟经历过什么样的培育过程呢？我真后悔没有在他生前好好向他请问，而现在就只留下深深的怀念了。

原载《群言》1995年第8期

教学生涯述略

随着年纪渐老，我觉得自己对客观世界的反映正趋于狭窄；同时又越来越感到，人要正确认识客观事物实在不容易。于是，思维的对象便往往转向自身，变成了反思。在这种情况下，如有人约写自述一类的文章，我一般都乐于从命。

不过，此类文章实际上也已写了不少。因此渐渐感到，本来就不大丰富的那个自我，现在可能快要掏空了。这一次撰写自述，想来想去，觉得只有四十多年的教学生涯，尚未做较为完全的记述，也许可以试着写一写。

我在1955年毕业于北大中文系并留校任教。第一次讲课是给海淀区教育局组织的中学教师进修班讲《汉乐府民歌》。先师王瑶先生曾预言我将来能成为一个讲课"很叫座"的教师，我因王先生素有知人之明，所以心中颇以他的预测为喜。但在真正走上讲台的时候，我却不知道如何才能够"叫座"。特别是面对富有教学经验的中学教师，还总是担心我的讲课会不会变成"关老爷面前耍大刀"。

我想起了孔子所说的"己所不欲，勿施于人"这句话，觉得很有指导作用。于是就回想自己在做学生的时候，听课中最为"不欲"的是什么。答案很快找到了：一是有的教师讲课不负责任，一点都不准备，上了讲台想到哪里说到哪里，几乎不知所云。二是有的教师虽然很有学问，但在讲课中，其渊博的知识却不择地而出，不注意表述章法和接受效果，结果观点不明，层次混乱，难以领会。三是有的教师说话太快，犹如机关枪、连珠炮，学生无法做笔记；由于当时还没有教材，记不下笔记就差不多等于没听课了。诸如此类"己所不欲"的情况，我想是不能够施之于人的。

因此，我的课便主要在"说得清，能记录"这两点上用力气，这果然比较符合听课的要求。有的老师听了我的课，说几乎不用复习，主要内容就都记住了。

这次讲课虽只有两个下午，却对我有较为深远的影响，主要是树立服务意识。按照传统的说法，教师的作用在于"传道、授业、解惑"，这些好像都很尊严而与服务不搭界，所以讲课天然就有一种"居高临下"之势，很难在心中出现似乎是"以下事上"的服务心态。但我第一次讲课的对象却是中学老师，而且是中老年居多。他们在形象上就很像曾经教过我的那些母校老师；而且他们的进修热情和认真态度也使我感动。所以我心中很自然地产生为他们服务的意识；讲课中多有体贴，尽可能不给他们留下疑难之点。由于这次讲课取得了较好的效果，所以我更意识到讲课是一种服务，无论对谁讲都应该如此；只有服务得好，才能得到学生们由衷的敬重。

60年代前几年（1961—1965），我有过较重的科研和教学任务。科研方面是协助游国恩先生编纂《楚辞注疏长编》；教学方面主要是给本系学生讲先秦两汉文学史，给外系学生讲通段的中国文学史（先秦至清代）。这些任务对我的业务提高很有好处。例如协助编纂《楚辞注疏长编》，使我熟读《楚辞》原作并广泛掌握各种有关的资料，为以后的《楚辞》研究打下了基础。特别是通段文学史的一再讲授，更使我获益良多。我在大学期间虽然学过分量很重的中国文学史，但学一遍与讲一遍就是不一样，只有自己从头至尾讲过了，才感到学得更为深透。我在治学上历来强调实践，强调学以致用，这些想法主要就是在60年代前期的教学实践中形成的。

在讲课技巧方面，60年代是我自觉从苏州评弹的表演艺术中吸取营养的时期。从1960年起，我每次回家乡探亲度假，就常到书场听书（评弹俗称说书）。最初引起我注意的是"表"的艺术。所谓"表"，就是指说书人以客观身份对书中情节或事物变化的前因后果所做的叙述。这本是说书过程中最少艺术吸引力的部分，但我却发现说书人的"表"是很有功夫的，主要是抓住重点、要言不烦，把曲折复杂的故事情节和人物关系说得清清楚楚。我想到在讲课中，有哪个教员肯如此费心，锤炼出那样精确的语言来说明问题呢？讲课用语可以重复、停顿，比说书容易得多；而如果能在表述的语言上多下点功夫，提高一点清晰度和生动性，使听者易于入耳入脑，那一定会有更好的效果。

由于先母熟悉评弹艺术，所以我和她谈了以上的感想。先母说："说书要求'书路清晰'，这与'表'的技术很有关系；'表'是客观的说明，说书人不加表情动作，这倒与讲课有些近似。"看来，说书人在"表"的时候那种从容的风度和富有表现力的语言，倒是可以参考的。讲课所传述的内容如能像说书的"表"那样"书路清晰"，学生一定很欢迎。先母还说："说书凡是'响档'（指走红的演员）都有两个特点：一是根据自身的特点和优势来创新，而不是照着师父的传授照本宣科；二是能够理解和体贴听众的欣赏心理，而不是自以为高明。"我听了以后，觉得先母所说的第二个特点，正好与我所说的"讲课是一种服务"相通。至于第一个特点，那就不是想做便能够做到，主要还取决于对学术的研究；在研究中若能取得表现个人特色的成果，讲课中才能达到相应的境界。

我在60年代讲授先秦两汉文学史和通段文学史这两门课时，常常感到前者比较"容易"而后者比较"吃力"。这就好比乒乓球比赛中的大板抽杀，用了力气而抽中了，就不觉得吃力，反而很舒畅；如果用了力气而没有抽中，那就分外地感到吃力。先秦两汉文学史的内容重点很突出，就是《诗经》、《楚辞》、《史记》和乐府，外加先秦诸子散文和历史散文，这些重点每一个都有足以"叫座"的内容可讲，所以讲起来觉得轻松。通段文学史从先秦讲到晚清，时间仅有一年（每周三学时），重点的内容不能铺开谈，非重点的内容却不得不谈；这样就不能每次课都讲得"来劲"，而不"来劲"就分外感到吃力。

后来，我听说评弹"响档"都善于在"弄堂书"中找俏头。所谓"弄堂书"，就是前后热闹场面之间的过渡性情节，往往平淡无味，好比沟通两个闹市之间的小巷（江南人称之为"弄堂"）。"响档"能在"弄堂书"中找俏头，说得娓娓动听，自然就与一般的说书人不同了。这一经验鼓励我不再怕讲非重点内容，总想在这种地方讲出一些有意思的话来。这种努力虽说成果有限，但探索本身的乐趣却减轻了我的"吃力"之感。

评弹艺术对我的又一启示，是使我深切意识到形成现场交流氛围的重要。有一次我拉着先妻一起去听评弹，听完以后她问我："是不是所有的说书都是这样？"我说："你为什么问这个？"她说："如果都这样，我今后就再也不听说书了。你看，现场的气氛多么僵冷，台上台下一点交流也没有。演员在台上说唱，我为她感到别扭，甚至为她感到不好意思。"我对先妻的话很有同感。这一次遇到的两个评弹演员的确在表演艺术上不成熟，所以场内始终没出现共鸣与交流，在这种情况下听书是很别扭的。但大多数质量较高的评弹演出，情况是完全不一样的。演员上台，只是拨弄几下三弦和琵琶，说几句闲话，场内的气氛就会活跃起来，大家心情放松，很利于促进交流。我因此想到，这种轻松而又认真的氛围，对提高讲课效果也是很有利的。那么怎样才能形成此种氛围呢？经过对多个评弹"响档"的观察、感受与思索，我终于认为有三件事情是起决定作用的：一是说书人要对自己的表演有充分的把握，最好趋于圆熟境界，而不是心中虚怯，外形紧张；二是说书人要对自己的艺术有较深的感情，而不是心中冷漠，应付差事；三是说书人要对听众有善意，有感情，这能够化成一种亲和力量，使台上台下心意沟通，精神上高度融洽。这几条要求大致适用

　　　　　　　　传统文化六讲

于教师，教师若能在自己的行当中做到类似这样，便能够一上讲台就出现利于交流的融洽氛围。

我在60年代的教学工作只到1965年暑假前为止，以后就下乡搞"四清"，接着便是"文化大革命"。直到1971年才重又任教。

1971年到1973年，我主要给新闻专业的工农兵学员讲写作课，另外也讲过京剧、书法、绘画、工具书使用等文化知识讲座。由于有的工农兵学员学习上有困难，所以我又在个别辅导上用过不少力气。个别辅导起初只是出于对学员的关心，后来却又深感这里边有一个教学相长的问题。无论多么有学问的教师，一旦进入学生宿舍，面对许多人所提出的各式各样的问题，就未必都能够解答；解答了也未必使人"解渴"。因此，个别辅导不仅使我加强学习，努力去学原先不熟悉的东西，而且还促使我常常用心了解学生的情况和要求，并在心中琢磨如何才能教到点子上。

个别辅导起先是广泛回答各种问题，后来就逐渐落脚到如何提高写作能力上。因为写好文章是新闻专业学员面临的最为现实的课题，也关系到毕业后能否胜任工作。在写作辅导上，我的确用过相当大的力气，终于也提高了自己对写作的认识：这是人的知识经验和思维能力的综合表现，也是文科大学生的业务能力的突出表现。正是基于这种认识，我提出了治学方法的一个模式,即"学为基础,想为主导,落实到写"。这个模式直到多年以后,仍然是我在业务教学中坚持的基本思想之一。当然,这三句话需要做点解释,才能说明其内涵和意义,但因我在几篇谈"治学之道"的拙作中对此已多有阐述,这里就不拟重复了。

1973年我调到古典文献专业,以便继续协助游国恩先生将中断已久的《楚辞注疏长编》工作重新抓起来。

到文献专业后,先搞集体参与的《管子校点》,后来就和学员一起到工厂"开门办学"。搞了一段时间,带队的支部书记同我商量工作,他说:"现在虽是开门办学,但咱们毕竟是古典文献专业,总要讲点本专业的课,学生毕业出去才有一定的专长。你是不是回校去准备一讲历史要籍介绍,下星期一来开讲。"我说:"从现在到下星期一只有三天半时间,怎么备得出几十部历史要籍的介绍呢?"他说:"在目前情况下,备课太久影响不好。反正三天时间,你能备多少就备多少,讲总比不讲好。"于是我就回校备课三天,再到工厂讲了三小时,很受学生欢迎。接着支部书记又找我,说:"你是不是再讲一次文学要籍介绍,也是三天准备;反正备多了半天也讲不完。"于是我就又讲了一次,由于对文学要籍比较熟悉,所以效果更好。支部书记很高兴,我问他:"咱们的学员知道了一批文史古籍的书名，这就算有专长了？"他笑笑说："知道一批书名当然不够，可是别的专业连书名都还不知道呢。"他这个人内心里比较重视业务，在他带领下，文献专业的学员的确学了较多的业务知识。

"开门办学"返校后，有一次和老友某公说起在工厂的情况。他讥笑说："你可真了不起，自己对二十四史没读遍，居然就能讲历史要籍介绍！"从谨严治学的角度说，这样的讽刺不为无理。但从当时的实际情况出发，我还是认为支部书记所说的"讲比不讲好"更有道理。在以后几年中，历史要籍介绍和文学要籍介绍的分量逐步加重，终于变成专业的两门重要基础课；在我离开北大以后，还有人接着讲。我想，当初如果我坚持非要读遍了二十四史才能开讲历史要籍介绍，那么就不会有那么简陋的一课，而以后也就不会有两门完整的课程了。所以我后来讲"治学之道"，总强调尽快追求实际成果，建立"小块根据地"，再谋求滚动发展。所谓"读书破万卷，下笔如有神"，绝不是教人读破了万卷书再去作诗；基本上应是边读书，边作诗，最后才能"下笔如有神"。

20世纪80年代和90年代，是我在科研和教学上较有开辟和收获的时段。这里，我想先说说"文艺心理学"课程的开设及稍后的著作情况。

1978年中共十一届三中全会以后，全国出现了改革开放、安定发展的新局面。当时，我在文献专业讲授历史要籍解题、文学要籍解题、楚辞研究、专业写作等课程，又主持两项《楚辞》研究工作；还搞一些书法理论的研究，所以任务是并不轻松的。但是，我心里总是牵挂着另一件事情。

　　我在大学期间，本来对文艺理论和美学用力较多；又因在与此相关的论争中有一些感触，认为不少问题实际上需要运用心理科学来解决，因此总想把心理学原理引进文艺和美学的研究，以探索创作和欣赏心理中的一些规律。但大学毕业以后，我却没能实现这个愿望。在科研和教学上，从现代文学转到古代文学，再转为新闻写作而至于古典文献，每次业务转换，我都是被动地听候调配。虽然由于尽快追求实际成果，故而在"成果感"的鼓舞下总算能够"干一行爱一行"；但是我心里总是忘不了文艺心理学。于是经过一番努力，便在1980年开设了面向全系的文艺心理学选修课。本系选课的人很多，校内外来旁听的也不少，很大的阶梯教室常常满员，后来的只能坐在台阶上。课程结束后，我便对讲稿进行修改加工，于1982年出版了《文艺心理学论稿》；后来又对《文艺心理学论稿》加工改写，于1987年出版了体系较为完整的《文艺心理学概论》。二书之间及稍后，还陆续发表了三十多篇文艺心理学方面的研究论文。

《文艺心理学论稿》初版印了四万册，上市不久就有读者来信反映买不到书，要求代购；此后两年中，收到这样的信件很多。同时海内外也有一些文章给此书以谬赞。面对这种情况，我心里明白，并不是此书有多大的价值，主要因为我碰到了好的机遇。第一，中共十一届三中全会以来，国内形势大好，落实政策大大调动了知识分子的积极性，学术上也鼓励人探索钻研，创新立说。第二，我国的文艺心理学研究长期中断，大家希望弥补这个空白；我的课与书因为出现较早，所以适逢其会。第三，北京大学学术气氛好，鼓励教员在学术上有新的开拓；开设选修课尤有较大自主性，校系两级都只鼓励而不限制。所以总起来看，我认为机遇对工作与创造是起作用的，是应该抓住的。

但是，作为个人来说，我又深切意识到，机遇只对有准备的工作者才起作用。我从大学毕业到1980年的二十多年间，虽然工作多变，却也围绕着把心理学原理与文艺创作和欣赏结合起来这个课题，断断续续地进行了学习和思考；同时也较为广泛地涉猎了多种艺术；又从多变的工作中随时有所感悟，积累有用的材料。这样才能在决定研究文艺心理学时，仅用了一年左右的业余时间，就写出了粗具规模的讲稿。有感于此，所以我常说，机遇固然起作用，但作为个人来说，干成一件事毕竟要靠勤奋努力。一个人的积累与准备越是多方面，那么对他来说机遇就会越多。如果长期无所作为，只想等待机遇从天而降，以便一举成功，那在事实上就近于宿命论了。

进入90年代后，我原先在文献专业所开的几门课，都已先后交给了年轻教师。从1992年我当选为九三学社中央副主席起，社会活动逐年增多；但既然待在北大，就不能不开新课。因此经过准备，在1994年上半年开设了研究生课程"中国传统文化概论"。课程的主要内容是论述贯穿于中国古代文化的四个重要思想：一是作为基本哲理的"阴阳五行说"；二是阐释人与自然关系的"天人相应说"；三是指导处理社会问题和人际关系的"中和中庸说"；四是教人如何对待自身的"克己修身"说。全课除了论述这四种思想及其渗透于各文化领域的情况之外，还强调了每一种思想的古为今用问题。因为我历来认为，优秀传统文化的主要价值，或者说优秀传统文化之所以需要继承发展，根本上就因为它在今天仍然大可发挥作用。

1994年9月，我调到九三学社中央做专职工作。虽然在北大仍兼任博士生导师，但大致说来是告别教学生涯了。往昔的岁月五味俱全，是令人难忘的。

1998年9月14日

"讲课艺术"与服务到心

我在北京大学从事教学工作三十多年，说起讲课，心里总是想着一句话，即"课是讲给别人听的"。

中国人老早就发现知识分子有一个心理误区，即"文章是自己的好"。产生这个误区是有原因的，任何文章的撰写，作者总是用了力气吃了苦，他本人对此体验最深；同时他之所以把文章写成如此这般，也必然认为这样写是清清楚楚的，甚至是相当精彩的。然而，这种想法毕竟没什么用。文章必须让别人看了觉得清楚乃至精彩，才能取得预期的效果。所以，"文章是自己的好"终究是一句讽刺话。

讲课的道理也一样，必须要听的人觉得清楚、精彩，才会有真正的效果。这效果的取得，其实是个主客观统一的过程。教师把课讲好当然是起主导作用的；但究竟有效与否，那就还要看学生接受得怎样。因此真正重视教学效果的人，是必须把讲授与接受统一起来考虑的；注意接受情况，改进教学方法，乃是教师所担任务中的应有之义，义不容辞。

是师道尊严重要，还是教学效果重要？我是认为后者重要的，所以从不讳言服务。事实说明：服务得好，尊严不召而来；服务得不好，徒为同学背后说笑，岂有尊严可言？只要想想我们自己当学生时是怎样评说老师的，便可以想见他们正在怎样评说我们。

我讲课总是设想同学对我的课没什么兴趣，因而也不会用心来听。于是我的任务便是吸引他们来听，不但听得清楚，而且产生兴趣，多有感悟。为了做到这一点，除了在教学内容的充实提高上多用力气外，还要尽可能为听的人着想。我们对自己讲授的东西早已学懂弄通，甚至烂熟于胸；他们是初次听到而且只听一遍，因此一句话没听清就影响接受，一个层次弄不明便有碍理解。我们毕生从事自己的专业，自然对它有深厚的感情；他们刚刚接触这些内容，怎会人人天然就有兴趣？所以，让同学听清楚、感兴趣、有感悟，乃是教师应尽的责任；否则，所谓的"主导作用"又表现在哪里呢？

由于尽可能为听的人着想，所以教课就变成了服务。服务到了家，整个课堂便成了浑然一体；虽然常常只有教师一个人在说话，但空气中却弥漫着无声的交流。交流中包含着多种多样的信息，就在那时，你便已知道学生在课后将怎样评说你了。

我最初讲课是比较拘谨的，只力求做到条理清楚、语句明白。虽然我平常说话也能引人一笑，但在课堂上总觉得不能这样做。不过，我感到同学听课又做笔记，是相当吃力的，时间久了肯定影响注意力的集中。我又想到自己当学生时的情况，虽然说得上用功，但仍然"好逸恶劳"，希望听课过程中能够轻松一下。后来我讲过十几次课了，拘谨之感已逐渐消失，便想在清楚的基础上有点生动性。有一次我看了一本介绍苏州评弹的历史和艺术的书，其中讲到"噱为书中之宝"；又说"噱"有"肉里噱"与"插科"之分。前者是指书中人物与情节所固有的幽默感与生动性，是最为可贵的；后者则是由于不得已而在演说中穿插的笑话，虽然也能引人发笑，却与书中人物、情节关系不大。我看了这些说法，似乎恍然大悟，认为讲课的生动性必须从所讲的内容中发掘出来，这就不仅能使同学听得开心，而且能加深对内容的感受、理解与记忆。

我在提高讲课的生动性方面，确曾较为长期地用过力气；功过不值一提，但的确包含了服务的心意。我不能说我的课中绝对没有"插科"的成分，但力气主要是用在"肉里噱"的发掘上，这是毫无疑问的。例如近年来我常讲"古代文学要籍解题"，这课主要是讲古籍的成书、校注和版本流传，内容枯燥是不言而喻的。我为了使它生动一点，便注意结合校注的得失及校注者的思想方法陆续讲一点治学门径，这就比较有可听性。另外，"肉里嗉"的发掘也不是全无可为。例如讲《诗经》古注，《关雎》明明是一首爱情诗，《毛传》却说此诗以雎鸠起兴是因为这种鸟"挚而有别"，即雌鸟雄鸟情意深挚却各有区别，不在一起。我说："要照他这种说法，两地分居倒是最理想的夫妻关系了。"又说："我读了《关雎》，绝不认为诗人渴求恋爱成功只为了落一个两地分居。"又如《静女》一诗中的"静女其姝，俟我于城隅"，"城隅"即城角落，明明是约会的地点。然而《郑笺》却说静女"待礼而动，自防如城隅"，真叫人又好气又好笑。所以我便说："这不叫注释，倒有点像相声了。一个姑娘筑起一道城墙来自我防卫，那小伙子岂不要驾驶坦克才能去赴约了？"这样开个玩笑也就算揭示了封建脑瓜之不通情理，比多讲几句众所周知的批判话更能给听的人留下印象。

生动性虽然很重要，但这些年来我却发现讲课还有更好的境界。我在欣赏一些最优秀的评弹艺术家的演出时发现一个情况，即他们一出场还没开口，只把三弦、琵琶拨弄几下，场内不知怎的已出现了一种具有内在活跃性的交流气氛。评弹艺术又因为最接近群众，所以演员有时会说几句无关紧要的家常话（特别是在演出第一天说的开场白）。令人奇怪的是优秀艺术家说的这种家常话听起来也很有味道，或者说是魅力，这究竟是什么道理？我想，讲课中说话如果也能像他们说家常话那么有味，那就不论讲什么都会有吸引力，不必再煞费苦心去追求生动性了。然而我对这种境界却长期有不得其门而入之感，不知该怎样去努力。

再往下说，可就有点不自量了。但为了对年轻的同行们倾尽我的心意，所以还想说说自己近年来的某种"自我感觉"（仅仅是"自我感觉"而已）。不知从什么时候开始，也不知是哪方面的努力起了作用，现在我讲课（特别是自己选题的讲演），有时竟也出现了近乎上述"那种境界"的迹象。我心里自然颇感欣慰，却苦于没法向年轻的同行说清。起先我想说这是一种功到自然成的"火候"，但说这种话又有什么用？不过话虽如此，我还是有一点点思索的成果，可以姑妄言之。

有一次我在家乡听一个已经进入"那种境界"的评弹老艺术家说书，散场时正下大雨，老艺术家已经进后台了却又回出来，急切地关心听众有没有带雨伞；并把三个演员连同书场所有的伞拿出来，要借给听众，关切之情溢于言表。我和她本来有点相识，乘着"雨落天留客"，便坐下来和她聊聊。当我谈到"那种境界"时，她沉思良久，说道："我的文化低，说不出什么道理。不过我们当演员的很重'人缘'，我觉得'人缘'好的人演出中容易有交流。"

后来，我反复思索她那些朴素的话，忽然想到，所谓"那种境界"莫非不仅仅是个艺术表演问题？其中是不是也涉及思想感情呢？俗话说"酒逢知己千杯少，话不投机半句多"，"话不投机"自然是因为思想感情有距离；倘若感情融洽，对话便投机了，当然彼此越说越爱听。但若想感情融洽，便需要互相有善意与爱心。我又想到青年男女谈恋爱，情话喁喁，没完没了，难道他们所谈的内容都那么有意思？恐怕未必。无非因为彼此相爱，所以都觉得对方的话很好听。

想来想去，我便想到了自己。当然，讲课与说书是不能比附的，与谈恋爱更是两码事。但在感情因素起作用这一点上，不相干的事却也可以给人启示，使人感悟。就讲课而言，我是老了以后才"自我感觉"到逐步进入"那种境界"的。这时讲课经验已多，上课心情完全放松，说话也轻松自如。另外，恐怕也因为自己老了，火性已退，待人越来越平易，而且心中深怀对青年同学的善意与爱心，这在人与人之间是不必言表而自能流通的。所以虽然课讲得不怎么样，听的人还是能直觉到这老头是容易亲近的。有了这种直觉，自然就容易交流了。

我还想到一件事。有一次给一个三百多人的大班讲文艺心理学，最后一堂课的最后一个例子正好是李叔同著名的《送别》词。讲完以后，我情不自禁地说："这半年和大家相处很好，今后不知何时再重聚一堂。现在和大家分手以后，回去也将感到'今宵别梦寒'的。"说完这几句，我明显感到满座动容，有的同学已经是热泪盈眶了。

话已说了不少，但肯定还没有把"那种境界"说清楚，更可能根本不存在那样的"境界"，一切全出于我的错觉。但有一点是毋庸置疑的，即当教员的总不能对同学冷冷清清，漠不关心。讲课是为同学服务，服务到心才算是服务到家。其间也显然关联着教书育人的大道理，但那就需要从另一个角度来论述了。

原载《民主》1992年第2期

戏说半夜读书

　　我在半夜读书，并非由于勤奋而"焚膏继晷"，却是因为失眠而无可奈何。从年轻之时起，我就深受失眠之苦，但那时吃点一般的安眠药也就可以了。现在渐渐老了，一般安眠药往往不管用，因此也曾服用一种能使人迅速入睡的安眠药。初服此药不禁心中大悦，因为不仅能保证入睡，而且第二天没有任何难受的感觉。但是，服了一段时间却出现一种现象，比如拿筷子吃饭，这筷子会无缘无故从手中掉落；又如走路，迈出左脚，它却不知何以竟会踩到右边的部位上，这就有摔倒的危险。诸如此类的现象经过分析，糊里糊涂定为服用快速安眠药之故，而停药之后也果然不再出现此类现象；同时，失眠之苦也就依然如故。

　　人在痛苦之中不能不寻求解脱，这解脱首先要从认识上开始。古人云："生年不满百，常怀千岁忧；昼短苦夜长，何不秉烛游？"人生一辈子，倒有三分之一在睡眠中度过，岂不吃亏？但如今若想"夜游"却要费大钱，倒不如失眠者可以卧床看书，起床写字，驰骋想象，构思文章，等等；这岂不比那些呼呼入睡者有更多的时间感受生活的乐趣？况且寒舍所在之大院夜间关门上锁，院中的少爷小姐半夜游乐归来，总是将铁栅门敲得响彻云霄，已经入睡的老者深以为苦；唯有笔者此时正在看书写字，虽不免被震天巨响吓上一跳，却也无伤大雅。

认识问题得到积极妥善的解决之后，还不能不谈到实质性问题，即半夜读书究竟有无收获。这个问题不难解决，因为就笔者而言，无论是专著或论文，一般都包含着在失眠中读书的心得，其中与失眠最有直接关系的，乃是认识到各人的头脑虽然长在各人的脖子上，但它的活动却并不完全服从各人的意志。失眠者谁不以顽强的意志要求入睡？但大脑中的活动却不肯停下来，因为它另受神经生理活动规律的制约。因此，笔者在文艺心理学的研究中便很尊重神经生理活动的规律，而不去侈谈那些事实上不可能出现的创作心理活动，如"纯粹的感觉效果""与认识无关的纯粹情感活动"等等。因为此类活动是创作者无论以多么坚强的意志去追求，也是绝不会出现在他心中的。

附带还要谈一点笔者自身特有的现象，即如因失眠而读书写稿，大致不必抽烟。而且失眠如超过半夜两点钟，那么第二天就不想抽烟，甚至连闻到烟味都难受。众所周知，吸烟是要致癌的，而且现代科学已算出每吸一支烟将缩短若干秒寿命。然而人们却从来没听说失眠会致癌或缩短寿命。

故对吸烟者来说，以失眠换取不吸烟，这是非常值得的。

但今年以来，由于半夜读书也出现了令人不大愉快的情况，那就是老伴因为忍无可忍而与我分房而居，我也曾晓以大义，说老年人之所以离不开老伴，原因之一即在于心脏病的发作总在半夜与凌晨，分房而居倘出现此等情况，如何相互救应呢？她却说我半夜不睡将把她拖垮，这才是现实问题。于是便分房而居，这样一来，我半夜起来读书写稿倒更加无所顾忌了，往往在夜阑人静之际，享受学海漂游、幽思悠远之乐。

1996年12月

小书可起大作用

我听说有人在编两本书，内容均是从古代文化典籍中摘取有关传统美德的警句格言，汇编成册。其中"少年本"选取格言一百多条，"成人本"三百多条，都很便于传诵。

我认为这两本小书问世之后，不仅有利于"以德治国"方针的贯彻，而且能为弘扬中华民族优秀传统文化起到很大的作用。关于前一点，须在该书出版以后再做论述，本文着重说说后一点。

这些年来，有很多人为弘扬优秀传统文化做了很大的努力，编辑出版了不少卷帙浩繁、书册厚重的丛书、汇编之类。编辑出版者虽然动机可嘉，用心良苦，然而他们的这些大书却主要只起保存古籍的作用，而不能起到较大的弘扬优秀传统文化的作用。为什么？因为广大人民群众买不起、读不懂这种书；书中的精华因此不能进入广大人民群众的头脑，并使人们切实感到有益有用。

弘扬传统文化要靠人民群众，各国情况都是如此，概莫能外。但是，中国的传统文化太厚重了，并且精华与糟粕并存。如何使大量的精华为众多的国人所认知和利用呢？可以说一直缺少易行而有效的方法。专家学者直观地认为，要弘扬传统文化必须做好两件事：一是考证，二是评估。因为只有考证才能区别真伪，了解实况；只有评估才能区别精华和糟粕，知道该弘扬什么。应该指出，这两件事是确实需要做的；做了几十年，虽然众说纷纭乃至反反复复，毕竟也取得了许多有价值的成果，积累了经验和教训。然而，这两件事都很专业化，广大人民群众难以深入参与；倒是毫不珍重祖国历史文化的各类"戏说"和胡编乱造的古装之作通过影响巨大的传媒充塞于群众的视听。于是群众与真正的传统文化便越离越远，很少了解与关注。这种情况在市场经济的社会中又必然导致历史文化学术研究的萎缩，表现为学术成果出版难（因为读者少），无人来做接班人（因为出路差）。笔者常怀杞人之忧，觉得再过几十年、一百年，恐怕就连考证与评估这两件事，也没有多少人来做了。

究竟应该怎么办？笔者曾有个很简单的想法。在传统文化典籍中，不是每句话、每个内容都需要考证、评估的。你在那大量公认为真实可信的精华中，挑出一些易懂易记、有益有用的文句来，编印成册，作为"先头部队"，进入广大群众的头脑之中，使之诵之获益，行之有效，这便是目前为弘扬优秀传统文化急需要做的一件实事。

许多同志必然会问：你让大家学习、背诵一百句或三百句格言，这就算弘扬传统文化了？笔者的回答是：这自然不是全部工作，却是让广大群众认识传统文化精华的一个巨大开端，是发动群众参与弘扬传统文化精华的有效之举。

一百句或三百句固然很少。不过说来惭愧，笔者也算是个传统文化研究者，你若要我一口气背出三百句精华格言，我却还做不到。我想广大群众如果心中装着三百句格言，他的人文素质也许会有所提高，人生智慧也许会有所增长，举止谈吐也许会有所改变。

20世纪90年代，我常和一位老先生在一起开会。这位老先生不是研究传统文化的，却对弘扬传统文化很有热情。他每次发言引用的传统名言总是那么几句，然而却总是讲得有声有色。我当然不认为老先生的传统文化修养仅这几句名言，但这几句肯定是他终身服膺并深受教益的，由此而对传统文化的大量精华都留有美好的印象，怀着深厚的感情。这种突破一点、扩及全面的认知方法其实带有一定的普遍性。所以，一本小书虽然只传授了一百句或三百句名言，它却能使广大群众对中华传统文化形成良好的印象，产生较深的感情。由此才谈得到广大群众对弘扬优秀传统文化的积极参与。有了这种参与，才会有真正的弘扬，也才会有学术研究的发展。

2001年8月

编后记
——怀念我亲爱的外公金开诚先生

这本小书的作者金开诚先生是我的外公，他是一位在中文学科领域内学识广博又颇有专精的著名学者，也是一位在生活中慈祥幽默，富有情调的先生，深受家人、学生和朋友的爱戴。

外公一生在学术上辛勤耕耘，他的研究涉及中文学科研究的多个领域。外公于1951年以华东区第一名的优异成绩考入北京大学中文系，毕业后先是师从王瑶先生做现代文学方面的研究生，后来又跟随著名学者游国恩先生进行《楚辞》的整理与研究，他上承师传又自创新见，成为了《楚辞》研究领域的重要学者，同时在古代文学的其他课题上也多有涉及。他一直醉心于中国书法的美感，发表了一系列具有创新性的书法理论和书法研究方面的文章。在改革开放后的学术生涯中，外公先是致力于文艺心理学与美学方面的研究，他是当时国内研究文艺心理学的第一人，不仅给77级及之后的中文系文学专业学生开设了"文艺心理学"课，而且在此基础上出版了专著，发表的大量学术论文，在文学和艺术理论界颇受尊重。他在五十岁之后，集毕生所学之积累，开始了对中国传统文化的整体性研究，阐明了中华传统文化的"四大支柱"，分别是阴阳五行思想、天人相应思想、中和中庸思想和修身克己思想。外公的这些学术成果书写在中文学术史的长卷中，成为了浓重的一笔；他渊博的学识与对中国传统文化的热爱，更是感染了无数的中文学子与传统文化爱好者。这本小书①的体例，正是在他一生治学之路的基础上，辅之以他对人生与社会的思索，精心挑选编纂而成的。相信这些短文所透出的文化底蕴与人格魅力，能够像他生前以激情饱满的演讲感染不可计数的听众那样，继续使读者们有所感悟。

外公一生儒雅宽厚，正直简朴。他视金钱如无物，却将写文章看得与生命同重。但是，书斋并不是他唯一的归宿，三尺讲台之上，更是他挥洒热情与施展才华的舞台。在我也开始进入中文领域的学习后，曾经拜访过几位外公的学生，也是我的学术前辈们，他们无一不提起当年金公讲课的风采，回忆金公是如何倾囊相授，无私地指导、帮助与照顾他的每一位学生。

---

① 本书所有文章均选自《金开诚文集》。

外公对中国优秀传统文化以及对学生们的爱是广博而又深厚的，这体现在他不仅只在北大中文系内授课，同时也巡讲于全国各地的高校与文化教育机构，致力于将中华文化的美与自己的人生经验传授给更多的年轻人。他的每一篇讲稿，都经过精心的设计与准备，是在很多次演练与修改中逐步雕琢完成的。即使当时的我年龄尚幼，仍能清晰地记得他全身心投入在练习演讲中的背影。外公用他毕生的努力，实践了他对于文化与学术的最核心的理念："学以致用。"外公的"学以致用"包含了多重的含义，他既主张在阅读中获得的知识要落实到写与讲，又主张传统的文化要"古为今用"，总体来说，就是要在现实实践的层面上理解文化与知识的价值。他认为，如果我们的优秀传统文化只能囿于典籍之内、学术之中，不能渗透于我们的生活，让年轻一代理解与喜爱，那么这种文化就注定会失去其内在的生命力。他曾撰写诸多长短不同的文章，也曾经常出去演讲，专门阐发传统文化的内在活力，发掘传统文化的现实意义；他也曾指导和鼓励他的学生和晚辈们继续践行这种理念。外公所坚持的"学以致用"，正和"大家小书"系列丛书所秉承的文化推广、普及与传播的理念相互契合，这种尝试，既是学者的理想与情怀，也是学者的社会责任的体现。从这个意义上说，尽管外公本人未能参与到此书的编辑当中，但对于此书的出版，他的内心一定是赞同与欣喜的。

这本小书的出版，也寄托了我们全体家属对外公的无限思念。在这本小书的编辑过程中，家人们共同重读了外公生前所撰写的许多文章，其中不少话题与理念，都是他生前在日常生活中常与家人交流分享的。看到这些熟悉的话语，外公的音容笑貌总能浮现在我们眼前，那些温馨的回忆随着纸页的翻动娓娓而来。小时候，每次我回到外公的家中，他总是要在同一面墙上比着我的身高画上一道线，看看我有没有比上次长高；他教我在报纸上练习软笔字的写法，还把我幼稚的作品珍藏起来；他每日必至的电话，成为了我们与他之间紧紧相连的纽带……如此种种，令人不胜唏嘘感怀。如今我已成为了一名中文专业的博士研究生，每当他生前的故人见到我，听说这是"金公的后人"，无不表达出对他的无限怀念。外公无私又深沉的爱、他的谆谆教诲和他为众人景仰的品格是我永恒的精神财富。此次，我和家人能够共同参与到文集的编辑过程中，能够为弘扬他"学以致用"的理念而略尽绵薄之力，是我们对他最好的怀念。

在这里，我谨代表全家对北京十月文艺出版社韩敬群总编辑、"大家小书"丛书的策划人高立志先生以及此书的责任编辑致以我们最真诚的感谢，没有他们的辛勤付出与努力，这本书是没有机会与读者们见面的。

外公生前一直说要亲自指导我在大学的学习，然而世事无常，他在我高三那年就永远地离开了我们。到今年，亲爱的外公离开我们已经整整十年了。幸运的是，他仍然留下这么多文章，这些思想与智慧的结晶，是他留给我们的瑰宝。通过阅读，我们得以与平易近人但深邃睿智的头脑开展一场精神上的对话，这种思维的愉悦，愿与每一位读者共享。

徐令缘

2018年9月10日

国家新闻出版广电总局
首届向全国推荐中华优秀传统文化普及图书

‖大家小书书目

出版说明

"大家小书"多是一代大家的经典著作，在还属于手抄的著述年代里，每个字都是经过作者精琢细磨之后所拣选的。为尊重作者写作习惯和遣词风格、尊重语言文字自身发展流变的规律，为读者提供一个可靠的版本，"大家小书"对于已经经典化的作品不进行现代汉语的规范化处理。

提请读者特别注意。

北京出版社